高职高专呼叫中心专业规划教材

丛书主编：赵溪

电话营销实务与训练

主　编：陈宁华

清華大學出版社

北　京

内容简介

本书围绕电话营销的相关知识，对在实际电话营销工作中需要掌握的要素进行了全面阐述，包括电话营销项目运营中的实际操作要点、电话营销人员心态管理、电话营销心理决策与原理，以及各阶段电话营销的技巧。

本书为从事电话营销工作的各类人员提供了实用的工作指南，同时还可作为高职高专呼叫中心相关专业的教材及参考资料。

图书在版编目(CIP)数据

电话营销实务与训练 / 赵溪　丛书主编；陈宁华　主编. —北京：清华大学出版社，2015(2022.9重印)
(高职高专呼叫中心专业规划教材)

ISBN 978-7-302-38000-9

Ⅰ. ①电…　Ⅱ. ①赵…　②陈…　Ⅲ. ①推销—方法—高等职业教育—教材　Ⅳ. ①F713.3

中国版本图书馆CIP数据核字(2014)第217023号

责任编辑：张　颖　高晓晴
封面设计：周周设计局
版式设计：牛静敏
责任校对：曹　阳
责任印制：杨　艳
出版发行：清华大学出版社
　网　　址：http://www.tup.com.cn，http://www.wqbook.com
　地　　址：北京清华大学学研大厦A座　　邮　　编：100084
　社 总 机：010-83470000　　邮　　购：010-62786544
　投稿与读者服务：010-62776969，c-service@tup.tsinghua.edu.cn
　质 量 反 馈：010-62772015，zhiliang@tup.tsinghua.edu.cn
印 装 者：三河市龙大印装有限公司
经　　销：全国新华书店
开　　本：185mm×260mm　　印　　张：9　　字　　数：208千字
版　　次：2015年4月第1版　　印　　次：2022年9月第8次印刷
定　　价：36.00元

产品编号：060771-02

高职高专呼叫中心专业规划教材(呼叫中心服务与管理/客户服务管理专业适用)

丛书编审委员会

序　一

教育应配合国家产业结构调整的方向

改革开放这30多年，已经奠定了中国作为制造业大国的国际地位，可是要成为制造业强国就不能仅把眼光停留在“中国制造”上。近几年，有不少城市正在进行产业转移和升级，希望“现代服务业”成为促进地区发展的新的增长动力，而这已经成为我国产业结构调整的一个重要方向。

为配合国家产业结构的调整，国务院各部委出台了很多政策，商务部、工信部、发改委等提供了政策和资金支持以推动服务外包产业的发展。2010年，教育部公布了中职与高职专业和代码，在学校推动相关专业建设，全国国家级和省市级服务外包产业园区也得到迅速发展。

我认为，产业发展除了国家政策、资金支持以外，人才培养是最核心的基本要素。国际企业在中国落地考虑最多的并不是给多少优惠政策，而是能否提供适合需要的专业人才！因此，教育应当配合国家产业转移的方向，积极推动相关人才的培养和发展。

呼叫中心产业这些年发展非常迅猛，这同时也就凸显出呼叫中心专业人才培训能力的滞后。大学教育多关注知识，职业教育多关注技能，而以呼叫中心为代表的服务外包人才的培养关键是服务意识和服务精神，然后才是服务技能。因此要求学校进行以学生职业素养、职业技能培养为核心的课程改革。

最近接触到一些年轻人，他们专注于国家服务外包产业的人才培养，投入了非常大的热情和精力，制定了技能考核体系，编写了系列教材，进行教师培训、学生培养，在全国发展了几百所学校进行服务外包专业建设，我从他们身上看到了朝气，看到了产业发展的力量和希望。

我也很高兴能够为国家服务外包产业发展做一点事，希望这个系列教材的推广应用能够推动呼叫中心专业人才的培养。

段宝林

北京大学民营企业研究院教育与人力资本研究所顾问

中国蔡元培研究会顾问

2013年6月于北京

序　二

夯实教育，就是为呼叫中心赢得未来

呼叫中心最初是作为一个“通讯增值业务”出现在计算机(computer)和通讯(telecommunication)的集成(integration)应用领域，由于它的出现，导致了企业“客户互动管理”的革命。在技术的支撑之下，企业对于其客户的关怀和管理变得得心应手、效率卓著。毫无疑问，呼叫中心在中国短短十多年的发展(从电信97工程为中国呼叫中心元年算起)将CTI技术的应用演绎得淋漓尽致，呼叫中心也日益成为企业客户管理战略中最重要的武器。

呼叫中心在中国的发展已逐步趋于成熟，它已不仅仅局限在通讯增值业务的小范畴，而且正日益成为一个足以影响社会经济和宏观产业发展的社会经济学名词。以呼叫中心专业外包为重要组成部分的服务外包产业正如火如荼地发展；以呼叫中心运营机构为基础的企业客户管理体系正趋形成；以呼叫中心为重要工具的服务科学研究领域正蓬勃发展……

在我国大力发展服务外包产业政策的背景下，呼叫中心以其独特的产业优势得到了蓬勃的发展。为了适应国民经济对相关专业人才的迫切需求，各地区、各相关院校结合各自的基础资源做了非常积极有益的尝试，取得了一定的进展。据不完全统计，截至2013年6月底，全国各地开办“呼叫中心”相关专业的大中专院校已不下200家，在校学生规模已超两万人。

呼叫中心及其相关专业的发展形势是可喜的，未来发展空间不可限量，但发展初期各院系运作过程中也暴露出不少的问题，亟待从根本层面加以解决。一方面，各地院校目前在相关专业的培养过程中普遍缺乏专业化的指导，相关课程大纲及教辅材料严重缺乏，导致培养出来的学生距离呼叫中心运营机构实际的用人要求存在较大的偏差；另一方面，万人的培养规模与呼叫中心超百万人的产业规模相比仍有较大差距。这些问题都有待从全社会的角度、整合产业各方面资源加以梳理和解决。

当前更好地帮助相关院校办好呼叫中心专业，提供体系化的专业建设、辅导和运营支撑服务，已成为全社会和全产业的迫切需求。为此，客户世界机构集合产业专家资源，组建了专业的呼叫中心教育培训团队——“客世教育”，在教学体系梳理、教材编写、师资培训等方面进行了大量基础性的工作。致力于为呼叫中心产业人才培养、岗位晋升和校企合作提供全方位的服务。

大中专院校“呼叫中心”专业建设的工作是一项科学化、系统化、长期性、发展性的工作，涉及学历教育、实习实训、技能鉴定、就业辅导、岗位晋升等全培育过程，牵涉教育部门、职业管理部门、技术归口行业、实际用人单位等各方面的政策和资源。本着高起点、全流程、重实效的专业建设原则，我们将涉及学校教育相关工作的重点确立为以下6个方面：

(1) 教学大纲的编写和适应性调整。

(2) 主干课程教材的编写审定出版。

(3) 师资培训和不间断的在岗辅导。

(4) 教辅材料的持续开发和导入。

(5) 实训平台的建立/实训业务的嫁接。

(6) 就业帮助和辅导。

十年树木，百年树人！呼叫中心专业建设和人才培养的工作任重道远，关系到呼叫中心产业的未来。丛书编撰工作务求紧密结合理论和实践，为产业的发展夯实基础，构建未来！

赵　溪
2013年6月于北京

客世教育简介

客户世界机构(CCM World Group)创立于2002年，是一个产、学、研一体化的产业发展集团。我们立足呼叫中心产业发展、专注客户管理研究方向、推动服务科学实践创新。透过媒体出版、认证测评、产业研究、管理咨询、会展服务、产业投资、教育培训、人力资源等全方位、多维度、高度整合的产业链基础业务，为相关产业发展提供支撑服务。

作为客户世界机构旗下专业的教育科技公司，客世教育(CCMW EDU)是国内呼叫中心领域最专业的课程体系建设、实训平台建设和创新型校企合作解决方案提供商之一。通过联合部委、行业、企业、专家等资源，致力于为呼叫中心产业人才培养、岗位晋升及校企合作提供全方位的服务。

网址：http://www.ccmw.net

http://www.ccmwedu.com

电话：400-779-7070

前　言

在客户世界机构的统筹与主持下，“高职高专呼叫中心专业规划教材”恰逢其时地出版了，本书主要探讨的是“电话营销实务与训练”的相关内容。

电话营销由于其强大的主动性、效果直接、能够立即解决疑问等特点，近年来陆续得到很多行业的应用，如金融、通讯、电子商务、消费品、零售等行业。另外，近年来服务转营销的大趋势也使得很多原来只注重客户服务功能的呼叫中心考虑转向或引入电话营销，加之呼叫中心服务外包行业的蓬勃发展，使得电话营销这个职业越来越受到重视，发展潜力无限。有些金融公司甚至只设立电话营销团队，而砍掉了传统的面对面的大客户销售和零售柜台团队。而且，随着互联网经济的发展，呼叫中心作为连接企业与客户、物流之间的工具和渠道，其在开发客户、发展客户、维护客户以及客户忠诚度和满意度提升等领域所发挥的作用也越来越大。

从广义的范畴来看，电话营销其实是属于直复营销的范围，如果给电话营销下一个定义，那就是：通过电话通信平台的媒介或渠道，完成与客户交流的过程，包括从接触客户、挖掘意向、产品销售、客户跟踪直至售后服务的整套营销体系，从而为企业或个人创造商机，增加收益，实现有计划、有组织，并且高效率地扩大顾客群、提高顾客满意度、维护顾客忠诚度等市场行为的方法。

本书是从电话营销的具体执行层面入手，详细地介绍了影响电话营销执行效果的关键要素和电话营销沟通流程与常用技巧，具体内容如下。

第一部分介绍了影响电话营销执行效果的关键要素，包括：数据库的使用、电话营销模式与业务流程、电话营销如何与其他媒介渠道组合使用的要点、适合以电话营销方式销售的产品特点及沟通要点、电话营销的最佳时间等。

第二部分介绍了电话营销的工作基础，包括：基本的电话营销沟通技巧、电话营销前期应做的准备工作、电话营销的心理决策循环等，为从事电话营销工作奠定基础。

第三部分详细介绍了电话营销的关键流程与步骤、销售技巧及心理策略应用，以及相关的实务训练指南。

本书虽为高职高专学生的教材，但在内容上非常贴近呼叫中心企业的实际需求，希望本书能够成为电话营销工作者的指南与参考书，为培养优秀的呼叫中心电话营销人才尽绵薄之力。但由于作者水平有限，书中难免存在不足之处，恳请各位专家和读者批评指正。

陈宁华
2014 年 12 月

目　录

第一章

电话营销的特点与应用模式

第一节 电话营销的特点

电话营销现在已经成为市场上常见的沟通媒介，被越来越多的企业与个人所利用。电话营销主要具有如下几个特点。

一、沟通灵活

通过电话营销，可以立刻回答客户的疑问，解决他们提出的问题，并处理各种类型的异议。在所有沟通媒介中，电话营销是唯一可以随时根据客户的反馈结果调整沟通策略的工具。企业可以通过电话改变报价；可以随时调整电话营销脚本；可以根据客户类型安排电话沟通方式和接触的时间。此外，通过电话营销，企业还可以及时得到关于自身产品和服务的反馈，第一时间快速分析有价值的信息，在处理信息的及时性和有效性上，电话营销是当之无愧的、最具效率的沟通媒介。

二、具有成本效益

电话营销一贯优于其他形式的营销方式，是强大的、具有成本效益的营销工具。今天，在美国等发达国家，电话营销在所有直复式营销渠道中效果是最好的，每年营业额可达数十亿美元。而且，每天电话的拨打量、接通量，每一个电话的成本，每一个客户所产生的收入都能够明确计算出来，使企业可以非常精确地控制效益成本。因此，无论如何，电话营销应该是营销计划中不可缺少的一环。

三、可立即获得客户响应

常见的沟通媒介包括报纸和杂志广告、电台促销、目录直邮、电子邮件、短信等，当广告或促销通过这些媒介发布出去以后，客户究竟有没有收到，商家是不知道的。而电话营销则不同，不论客户身处何地、在任何时间、正在做什么，只要客户接听电话，营销人员就可以通过询问与介绍等方式获取企业所需的信息。电话营销可以无限地增加企业的销售机会，也只有电话营销才拥有这样独特的功能。

四、电话营销应用范围广泛

电话营销是强大的市场营销工具，应用范围非常广泛。企业可以通过电话营销系统设置营销任务，包括市场调查、市场研究、数据清洗、数据库更新、研讨会登记或邀约、资金的筹集、电话销售、激活休眠客户等。电话营销与客户服务系统结合，可以打造完美的订单与客服应用系统；还可以与网络、邮件、语音信箱等销售方式结合进行不同类型的客户服务，例如我们常见的电视购物与网络购物的订购热线等。

第二节　电话营销的应用范围

电话营销的应用主要包括如下两方面的内容。

一、在行业中的应用

只要打开刊登招聘广告的报纸或杂志，就能看到形形色色的招聘电话营销职位的广告。电话营销由于其主动性强、沟通的及时性和有效性等特点被越来越多的行业所认可和应用，大到金融、房地产、通信、电子商务等主导行业，小到分类广告、订餐、饭店、度假村、化妆品、保健品等行业，到处都可以看到电话营销的影子。

二、在企业中的应用

电话营销作为企业客户管理的有效手段，也在不同阶段发挥着衔接与沟通的关键作用。

(一) 在客户开发阶段的应用

在客户开发阶段，电话营销主要发挥如下几个作用。

1. 市场调查

市场调查是指企业在进行市场营销或销售工作之前，对客户的特征、购买行为等进行主动的研究。通常企业掌握的客户信息并不充分，需要通过其他调查方式补充完整，而且有些问题很难收集，一定要通过人工询问才能确认，所以这个时候电话营销就有了用武之地。电话营销可以通过预先进行问题的设计、话术的撰写、进行电话外呼等方式收集足够的客户信息，之后通过数据挖掘和分析来判断客户的意向、研究客户的价值、分析客户的行为等，从而为企业做好市场研究提供预测性资料。

2. 数据清洗

现在的数据处理技术已经发展到可以通过后台对号码进行清洗和整理。但有些数据，如客户的姓名是否对应唯一的号码等，必须通过电话进行确认，从而判断该客户留下的信息是什么状态，是否为空号、错号、关机、停机等。另外如生日、地址、职位、年龄等字段是否正确，这些都需要通过电话沟通才能清楚确认。

3. Leads挖掘

这里的“Leads”是“线索、意向”的意思，所以中文称为销售线索挖掘，是指对潜在的目标客户进行购买意向的发现，并根据意向的强弱定义出销售线索，以供后续的销售团队跟进。通过电话营销来挖掘销售机会是目前各行业应用最广的业务，特别是在B2B业务当中。通过先期的线索挖掘，可以大大提高销售效率，降低外部销售人员开发客户的难度。目前，销售线索挖掘也是外包型呼叫中心的主要业务之一。此外，企业通过线索挖掘还可以锻炼和培养电话营销团队，为企业储备在电话营销方面有潜质的人才。

4. 会议邀约或活动推广

为了推广公司品牌和产品，许多企业会通过举办研讨会、商务会议、讲座、沙龙等方式邀请目标客户前来。企业可以通过电话营销的方式，依靠精准的数据库，进行会议邀约或推广说明，从邀约一直到现场确认，都可以以电话营销的方式来进行，而且具有针对性、效果好，减少了盲目的广告投入，是非常理想的一对一营销方式，企业主可以通过邀约的效果以及后续的销售情况计算出投入产出比。目前电话营销被广泛应用在招商、加盟、培训、品牌发布、会议营销等领域。

5. 销售产品或服务

这就是我们通常所说的电话销售，就是营销人员通过电话沟通的方式，将产品的卖点、优势以及对客户的好处告知客户，通过一系列的营销技巧以及活动配合，例如以促销、赠品、活动有效期、打折、免费送货等方式，促成客户通过电话下单，从而完成电话销售的过程，后续还要配合物流、交付、产品体验等环节完成回款，这才是一个完整的产品销售过程。真正适合以电话方式销售的产品具有一定的条件，并不是任何产品都适合，所以电话销售必须与匹配的数据、接触时间、产品特性等相关联。

(二) 在客户维护阶段的应用

在客户维护阶段，电话营销主要发挥如下作用。

1. 客户关怀

调查表明，在对企业产品或服务产生不满或意见的客户中，只有7%的客户会通过电话、电子邮件等方式表达出来，而其余93%的客户不会主动反馈，往往选择沉默甚至直接转为其他企业的客户。为了达到收集客户意见、反馈，了解市场动态的目的，企业需要定期通过电话回访的方式对老客户进行关怀，了解客户在购买产品或体验服务之后的感受如何，认为哪些地方需要改进、哪些地方觉得满意，客户购买产品时的决策依据是什么，在产品使用过程中最关心的是什么，等等。企业通过主动关怀的方式，既调查了客户的反应、巩固了客户的忠诚度，也为以后的产品开发或服务改进收集了建议，还为可能存在的再次销售提供了机会。

2. 休眠客户激活

休眠客户是指该客户以前经常性地与企业交易，但最后一次购买以后已长时间没有任何交易。企业可以根据自身或所处行业的特性，规定超过某一期限的客户为休眠客户。对于休眠客户，企业不能不闻不问，就这样让他们自然流失，而是要设计出一定的促销方案，通过电话营销并结合其他媒介主动外呼，刺激客户再次购买的热情，即休眠客户激活。

3. 客户保留

客户的任何消费心理都是有预兆的，企业可以通过建立客户流失的模型，对客户的状态进行划分，对有流失倾向的客户采取主动的联系，设计有针对性的产品组合和营销策略，对即将流失的客户进行关怀和保留，在客户流失之前将其绑定。例如，电信公司经常会举办充话费送手机的活动，其实就是利用手机将客户绑定在通信商的网络中，使其不会轻易离网。通常企业可设置专门的客户经理职位，通过电话营销的方式与客户进行个性化沟通，为客户量身定制适合的方案。

(三) 在客户价值提升阶段的应用

在客户价值提升阶段，电话营销主要发挥如下作用。

1. 追加销售(up sales)

追加销售(up sales)，也叫做升级销售，是指向客户追加销售某一种产品的附加产品或对产品进行升级。简单地说，就是让客户在同样的产品上再投入消费。闻名世界的苹果手机就是典型的通过升级、增加配置等方法不断更新换代，让苹果的粉丝们购买，以追加销售。电话营销在这个过程中可以起到告知客户新的产品动态，挖掘客户更深的需求，并通过促销做市场买赠等活动，从而达成追加销售的目的。

2. 交叉销售(cross sales)

交叉销售(cross sales)，指的是通过横向发现客户的其他需求，从而达成销售产品的方式。例如购买办公用纸的客户，可以向其推荐合适的耗材；购买牙膏的客户可以向其推荐牙刷。在如今这个整合资源的年代，跨部门合作、跨行业合作、跨平台合作已成为主流。传统的从产品出发的营销方式逐步转变为从客户需求出发，所以满足客户更为全面需求的交叉销售也必将变得越来越重要。比如银行和保险公司合作成立合资保险公司，然后利用信用卡中心的客户数据库向客户推荐合适的保险产品，就是一个典型的交叉销售的应用，交叉销售目前也是电话营销主要应用的领域之一。

3. 客户转介绍(customer referral)

判断一个企业的产品或服务质量如何，有一个很重要的指标就是客户转介绍率。维护一个老客户的价值永远比开发一个新客户要重要得多。所以企业对老客户进行营销、关怀，通过优质的服务超越客户的期望就成为稳定老客户，进而发展新客户的重要途径。在国际上有一个衡量指标，即净推荐值，英文为NPS(net promoter score)。这是一种计量某个客户将会向其他人推荐企业的产品或服务可能性的指数，它是一种客户忠诚度分析指标，专注于客户口碑如何影响企业成长。通过密切跟踪净推荐值，企业可以让自己更加成功。在获取客户是否愿意转介绍可能性的过程中，电话营销以其独有的沟通特性可以充当重要的媒介。

4. 客户忠诚度(customer loyalty degree)

客户忠诚度是指客户忠诚的程度，是一个量化概念。客户忠诚度是指由于质量、价格、服务等诸多因素的影响，使客户对某一企业的产品或服务产生感情，形成偏爱并长期重复购买该企业产品或服务的程度。美国资深营销专家吉尔·格里芬认为：客户忠诚度是指客户出于对企业或品牌的偏好而经常性重复购买的程度。在执行层面，电话营销在客户忠诚度管理方面可以做的事情很多，包括客户会员管理、日常的沟通管理、奖励或积分计划的告知等。目前，在航空、通信、金融、酒店等行业，客户忠诚度管理越来越重要，企业都想方设法开发不同的组合策略来挽留、提升客户的忠诚度。而不论采取何种策略，电话作为一种沟通的管道，在沟通、中转、信息的更新与维护中发挥着不可磨灭的作用。

第三节 电话营销的业务模式

一、电话营销业务模式的处理方向

电话营销的业务模式，按业务处理的方向分为：呼入式(inbound)电话营销和呼出式(outbound)电话营销两种。

(一) 呼入式(inbound)电话营销

1. 呼入式电话营销的定义

呼入式电话营销主要是指被动接受客户来电，通过接听来电解答客户的咨询和问题，介绍产品功能与特点，从而达成销售或进行客户服务的应用模式。

2. 呼入式电话营销的应用

呼入式电话营销经常应用在客户服务和接受订购热线等方面，该模式需要有效且有针对性的大规模媒介投放作为支持，一切以最大化地吸引目标客户前来主动咨询为目标。优点是品牌效应传播速度快，接触与覆盖面广，可以快速提升产品知名度；缺点是媒介投入费用较高，企业营销比较被动。

3. 采用呼入式电话营销的条件

呼入式电话营销若想成功，以下几个条件是一定要注意的：

(1) 企业自身已经具备了强势的品牌与宣传接触网络，如中国移动推广3G套餐；

(2) 企业拥有适合的媒介运营模式，如益生康健利用广泛的媒体分账计划，实行先期少投入甚至零投入广告费用，按实际销售效果分账的模式，快速扩张会员和订单数量；

(3) 企业的产品体验设计都要以在限定的时期内最大化地吸引客户打入电话为核心，如电视购物节目就是一个典型的方式，无论是产品的选择、价格的制订还是促销活动，都要以能够号召客户迅速行动为核心原则。

(二) 呼出式(outbound)电话营销

1. 呼出式电话营销的定义

呼出式电话营销主要是指由企业提供数据库名单，由营销人员运用电话以及专业的销售话术，对目标客户进行外拨式销售，通过需求咨询、介绍产品，并有效地处理客户的疑问，从而达成销售的应用模式。

2. 呼出式电话营销的应用

呼出式电话营销的相对难度比呼入式更高，对人员、管理等的要求更为严格。该模式的优点是主动性高，效果相对容易控制；缺点是风险和挑战性更大，对管理人员的要求较高。

3. 采用呼出式电话营销的条件

呼出式电话营销若想成功，需要注意以下几个方面：

(1) 呼出式电话营销对营销人员的个人能力要求更高，特别是不能有畏难心态，所以在人员的心态，特别是抗压性方面要严格筛选，建议企业可以找一些专业的测评工具，如DISC、CPQ等对所招聘的电话营销人员进行检验；

(2) 呼出式电话营销对目标数据库的准确度、接触率要求较高，高质量的数据库不仅可以使营销人员节约宝贵的工作时间，而且便于进行客户进度管理；

(3) 设置容易建立客户信任感的营销流程，以及根据流程而设计的营销话术，特别是导向型探询问题的设计与创造；

(4) 产品的价位不宜过高，产品介绍相对简单，并有后续的产品推荐相互配合，以便于继续进行交叉销售或升级销售；

(5) 相关配套措施的组合应用，包括产品品牌认知度、团队现场管理的水平、产品的季节性需求等，这些都会影响呼出式电话营销的绩效。

二、电话营销业务模式的应用情境

电话营销的业务模式，按常见应用情境主要分为陌生拜访、免费转付费、升级/交叉销售、账款催收以及直邮跟进几种类型，如表1-1所示。

表1-1　电话营销的业务模式类型

常见应用	定义描述	面临的挑战
陌生拜访(cold call)	根据准客户名单，进行主动外拨式的电话营销，以达到成功邀约或直接销售的目标	需要较高的营销技巧突破客户心防，使其快速打消疑虑
免费转付费(free to pay)	针对免费享受产品或服务的目标客户，进行付费产品的跟进，以达到成功销售付费产品或服务的目标	试探客户的反应，塑造付费部分的价值
升级/交叉销售 (up sale/cross sale)	针对已成交客户，继续推荐并销售附加产品或相关配套产品	掌握合适的联系节奏，注意克服客户的抱怨，适时应用营销策略
账款催收 (bill reminding/collecting)	利用电话进行财务资金的回笼，被广泛应用在政府公共事业以及企业债务等方面，如水、电、煤、通信费用的催缴；贸易型企业对拖欠应收账款的催收，金融保险行业的催缴等业务	要求营销人员熟悉业务规章与相关法令，拥有熟练的电话营销技巧与心理素质
直邮跟进 (support DM)	在通话之前已经利用直邮或电子邮件等其他媒介进行过广告投放，并跟进反馈的统计，利用电话进行跟进，以达到直接销售的目标	试探客户的反应，关于产品/服务疑问的专业解答，及时促成的技巧

第二章

电话营销执行的命脉：数据管理

第一节　客户数据的来源

获取客户数据，最简单也是最广泛的方法是在大众媒介上做广告，广告上留下订购电话，以吸引潜在客户前来咨询。这样的方法需要企业具有一定的资金实力，因此不是所有公司都能做到的。而且，效果比较被动，不容易控制，广告费用的话语权不在企业，而在于投放的媒体。那么，我们还可以通过哪些其他途径来获取所需要的客户数据呢？

一、外部购买或租赁

(一) 购买或租赁数据的渠道

基于数据库的重要作用，目前在国内的一线大城市，如上海、北京、广州，已经出现了很多专业的数据库营销公司，它们通过各种方式收集并整理了各类数据库，以充分满足不同企业的需要。由于个人隐私受到保护，目前合法的数据库营销公司采用的都是许可式的数据库营销方式，即所掌握的数据都是被客户所许可、可以公开的信息，普遍采取的方式是以数据租赁或打包出售的方式提供给企业使用。

(二) 购买或租赁数据的注意事项

无论是购买还是租赁数据，企业都要注意，在与数据营销公司进行洽谈合作时，一定不能只听对方的片面之词，如很多数据库营销公司吹嘘自己的客户数据的准确率高达90%以上等。对于名单的真实质量，企业一定要经过事先的测试才能确定，适用于不同媒介的名单有不一样的质量测试标准。在直复式电话营销系统中，常用的媒介包括电子邮件、目录直邮、手机短信以及电话等，它们都有各自不同的检验标准，通常有如下指标需要引起大家的注意。

1. 数据的准确性

注意要购买或租赁的数据名单中各字段信息是否正确，有无错号、乱号、空号等现象。

2. 数据的有效性

如果确认名单准确，还要验证其是否有效，如常见的公司名称、地址和手机号码等字段，这些信息是否能够使用。比如中国移动的手机号码，如果长期不充值或停机、换号，移动公司都有专门的规定认为其已经失去效用，需要重新办理入网。目前已经有专门的软件，不仅可以通过专业技术手段对手机号码进行清理，还可以清洗邮编、电子邮件等信息，大大简化了验证数据库质量的工作。但涉及联系人姓名等信息的验证，还需要通过营销人员拨打电话来进行全字段的有效性验证。

3. 注意盈亏平衡点

虽然名单准确，而且有效，但经过测试，发现该批名单的反馈订单状况无法令人满意，获得的收益无法弥补营销成本，即无法达到盈亏平衡点，那就代表该批名单与企业的产品或服务无法产生交集，自然也就没有持续购买数据，并根据数据进行营销的必要。

二、合作交换

(一) 合作交换的方式

如果企业本身没有目标客户数据库，也许与企业关联的商家刚好掌握较适合的客户数据。例如，做培训产品的公司，其目标客户是人力资源经理，如果企业能够找到某人力资源经理人的杂志社合作，得到所需的人力资源经理的信息，这就是典型的“合作交换”。

(二) 合作交换的注意事项

在通过合作途径获得数据库之后，并不代表企业就掌握了准确的目标客户信息。除了通过测试检查数据的质量，包括准确度、有效性以外，还必须注意以下要点：

1. 转化名单的信任度

如果客户名单来源于合作伙伴，那么客户对于原来的企业就存在着信任度，而正是这些信任维系着交易的持续发生。现在企业面临的问题是：虽然拿到了合作伙伴的客户名单，但要如何转化该份名单的信任度呢？这就要求企业与合作伙伴在客户名单上进行完整的交接，或设计合理的接触策略。例如，保险公司与招商银行的信用卡中心合作，所有的电话营销人员均以招商银行信用卡中心客服的名义致电消费者，在客户降低了警惕性之后，再开始推销保险。相反，如果企业没有事先转化名单的信任度，那么通常客户最常问的问题就是：“你是怎么知道我的电话的？”

2. 客户的RFM状态

RFM是进行客户分析时经常使用的方法，RFM这三个字母分别代表：最近一次消费(recency)、消费频率(frequency)、消费金额(monetary)。

(1) 最近一次消费(recency)，可以显示客户在近期有无购买产品，通常最近购买过的人总是比更早购买的人对产品或服务要表现得热情些。密切地注意消费者的购买行为，可以有效提升销售业绩。客户最近一次消费就是营销人员第一个要利用的武器。根据统计报告显示，如果我们能让消费者在第一次购买时感到愉快，那么他们就会持续购买，这也就是为什么购买产品0～6个月的客户收到营销人员的信息多于31～36个月的客户。营销人员应当接受这样的营销哲学，那就是与客户建立友好的、长期的关系而不仅仅是卖东西，这会让客户持续购买企业的产品或服务，并赢得他们的忠诚度。

(2) 消费频率(frequency)是客户在限定的期间内所购买的次数，该指标可以显示客户是否经常购买。购买的频率越高，与客户建立起沟通关系、提升潜在购买机会转化率的概率越高，因此企业必须重视那些购买频率较高的客户。

(3) 消费金额(monetary)代表客户平均每次消费的金额，它是所有数据库报告的支柱，通常消费金额决定了客户的商业价值，不同价值的顾客决定了企业应该采取不同的沟通方式，以获得最有效的投资回报率。

案例：联邦快递的RFM分析

联邦快递利用RFM的变化来评判客户的贡献额，计分的方法如下。

将单一客户过去3个月内的消费金额乘以2，再加上过去3～6个月间该客户的消费金额。

接下来联邦快递利用数据挖掘技术中的群集分析，将所有客户分为七大族群，每个族群再依贡献额细分为十等份，这七大族群分别是：

(1) 贡献额最高的10%的稳定客群；

(2) 过去6个月流失的中贡献额客群；

(3) 低贡献额的季节性客群；

(4) 高贡献额的成长客群；

(5) 中贡献额的稳定客群；

(6) 低贡献额且在过去6个月内的流失客群；

(7) 低贡献额但刚恢复交易的客群。

联邦快递观察，在过去的两年内客户如何在七大族群中移动，以及客户如何在十等份内上下移动，一旦有任何的行为模式被分析出来，联邦快递便针对每一个族群发展一套客户策略。举例来说：

贡献额最高的10%的稳定客群，是最佳而且最有价值的客户，联邦快递的策略就是想尽办法留住他们，为他们提供最好的服务，以避免这群客户的流失。

高贡献额的成长客群是指消费金额成长超过15倍的客户，联邦快递投入营销预算找出导致他们成长的原因，以协助其他客户提高贡献额。

过去6个月流失的中贡献额客群，是指在过去6个月贡献额降低90%的客户，这群转身而去的客户让联邦快递损失许多应得的利润，因此必须找出导致这一现象的原因。联邦快递通过电话营销的方式与客户进行沟通来调查原因，以挽回客户的心。

找出低贡献额的季节性客群是非常有用的，因为这些客户只在一年中的某些季节交易，花费营销预算去刺激他们在其他时期交易将是十足的浪费。

企业在进行数据库分析的同时，不妨参考联邦快递的做法，将客户分成不同族群，并且针对族群特性，制订相对应的营销策略，这样分析数据库才能为企业创造更多、更实在的效益。

3. 名单的来源

在判断合作交换的名单质量时，经常容易被我们忽视的问题是：这份名单是怎么得到的。比如是通过市场调查，填写反馈表得到的；是通过发放邮购目录，接收反馈得到的；是通过发送电子邮件得到的；还是通过电话营销得到的。

试想，企业得到了一份网络购物平台的会员资料，如果只是用这份名单来拨打电话，那效果不一定会很理想；相反，如果利用这份名单做电子邮件调查，也许会为企业赢得更多的顾客和销售机会。当然，如果企业只能拿到非电话渠道收集的名单，那么只有通过设计一些转化名单信任度的方法，如营销人员在进行电话问候时，首先告诉客户自己是网络购物平台的客服，这样便于解除客户的戒备心理，提高成功率。比如开场白为："您好，××先生，我是××网站客户服务中心的客服人员，您现在讲电话方便吗？"

4. 付款方式

企业要注意合作交换的名单中客户的付款方式。通常对于电话营销来说，现金客户比货到付款的客户好，信用卡客户比现金客户好，记账或月结的客户又比信用卡客户好。

三、自行开发

(一) 自行开发的方式

在电话营销过程中，我们经常能够看到的情况是：销售人员找一批没有经过整理的数据(通常是黄页)做群发性的外呼，这就是最典型的自行开发模式。这种做法与公交、地铁里分发的小广告在本质上是一样的。

所谓自行开发，就是企业动用自身的资源和设计主动型的营销方法，以达到获取潜在客户的目的。无论何种营销方式，从本质上说，都是在一定的客户范围内，通过设计或组合不同的媒介或渠道，以获得准客户的信息反馈。

(二) 自行开发的注意事项

1. 自行开发客户不能盲目

自行开发首先要锁定目标市场。例如一家在上海销售办公用品的公司，表面上看所有的企业都是其客户，但并不代表企业就可以拿起一本上海黄页一阵狂呼。每个企业由于自身的特点，其适合的客户群也具有一定的特征。如果以上这家办公用品公司和仓库都在浦东，那么最适合公司的客户位于浦东区域，而非上海全市范围。电话营销人员可以拿黄页外呼电话，但在拨打之前，要先确定区域、行业或企业的性质。

2. 控制成本

要尽量应用一些低成本的媒介进行客户的开发，如互联网就是最便宜的信息发布和收集器，要充分重视网络营销的作用。例如开心网的网络病毒营销方式就是将自行开发功能发挥到了极致。

3. 更好地利用网络

现在很多企业都建立了网站，但有些网站地没有留言或注册的功能，这就是一个缺憾。搜索引擎中的竞价排名是一个非常好的工具，可以很精确地帮助企业吸引准客户。但通过谷歌或百度吸引前来网站或博客浏览的客户，企业如何获取这些人的信息，又如何获得准客户的反馈信息呢？这些都是需要考虑的问题。在后面的章节中会专门讲到以不同媒介的组合开发客户的技巧，在此就不再赘述。

案例：开心网利用病毒营销自行开发客户

开心网是知名的网络人脉网站，截至2008年12月，开心网的用户人数，按照最保守的估计，也在500万～800万。分析人士认为，由于用户群体特征明显，他们身为白领，价值较高，并且黏性要高于其他同类型的论坛、社区，如果按照每个用户价值1000元计算，开心网的价值为50亿～80亿元。

开心网的推广方式是非常独特的，几乎没有花一分钱进行广告推广，也基本上不在其他网站做广告链接，而是完全依靠病毒式营销进行推广。例如开心通过与MSN合作，获得了MSN的用户数据。用户在开心网注册之后，MSN就会自动发送邀请链接给其MSN好友(见图2-1)。有时候，MSN用户会在一天之内收到好几十个链接，邀请其进驻开心网，直到用户最终注册——一旦注册，其就会自动成为下一个传播节点(见图2-2)。这就是爆炸式病毒传播。

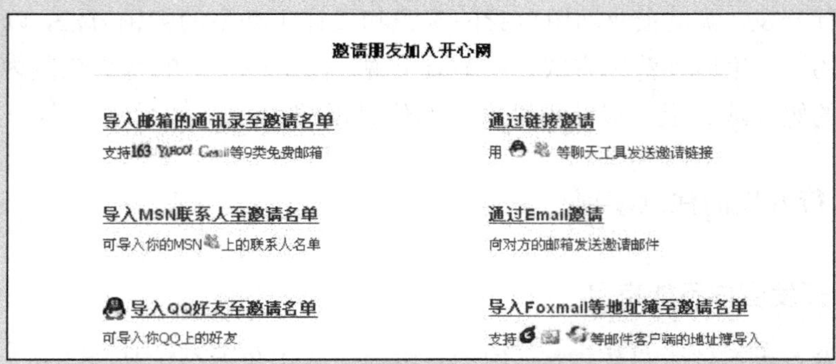

图2-1　邀请朋友加入开心网页面

图2-2　“六度空间理论”邀请其他好友

事实上，开心网的成功不仅是通过对“六度空间理论”的准确把握，依靠即时通讯和E-mail进行病毒式传播，而且切入点选择了互联网、传媒、广告、影视等“人际互动”比较强的行业，以这些行业从事市场、公关、销售的人员为突破口，辅助以口碑传播，从而使得开心网在短短几个月内风靡网络世界，迅速扩张了网络品牌的影响力。

第二节　数据质量衡量的标准

通常来说，衡量数据名单的质量根据不同的字段有不同的指标，在本节中首先与大家分享如何判断重点数据字段的质量。

一、关键人姓名

关键人就是有决策权的人；或没有实际的决定权，但对决策有重要影响的人。关键人的姓名要求具备全名为佳，不能是简单的张经理、马小姐之类。对每个人来说，最动听的声音就是听见别人叫自己的名字，所以电话营销人员知道关键人的全名是非常必要的。另外，了解关键人的全名也便于其他渠道的沟通，比如发信函、邮寄目录等，保证产品资料的准确送达。

二、电话号码

这里所指的电话号码专指固定电话号码，一般有企业固定电话以及家庭固定电话之分，根据B2B与B2C业务类型的不同，各有用途。例如销售奶粉或卖儿童图书的企业，一般销售沟通的黄金时间是在家长下班回到家或双休日，所以对于这些B2C行业，确定家庭的电话是更重要的。

一般我们在衡量名单中电话号码的质量时，主要是通过以下几个标准：

(1) 区号是否与地址对应，是否在全国编码范围内；

(2) 电话号码的位数是否为8位；

(3) 标准电话号码格式是否完整，是否为区号—电话号码—分机的格式；

(4) 号码的准确性，包括是否是空号、错号，是否无人接听等，所谓准确的号码就是正确的、可以找到对应关键人的号码；

(5) 号码的接触率，即在号码是正确的前提下，有多少是能够拨打成功找得到关键人的，这在电话营销中称为“接触率”。

三、手机号码

目前中国的手机普及率已经超过50%，比家庭和企业的电话都要多。有关报告称适合电话营销的消费人群年龄普遍在20～50岁，这部分人的手机普及率更高。手机是能够摆脱时空的限制，直接联系到客户的最佳媒介，所以手机号码也是各大数据库公司争夺的焦点数据。

衡量手机数据的质量时，主要应注意如下几个因素：

(1) 手机号码是否为11个数字；

(2) 手机号码的归属地核实，是否是本地网络，是否由于各种原因号码已经失效等；

(3) 手机接通率检测，检测号码是否开机或是否为空号等；

(4) 手机号码的准确性，即是否对应关键人；

(5) 和固定电话一样，也要检测手机号码的接触率。

在以上的指标中，第(1)(2)(3)项可以通过专业的软件清洗整理出来，而第(4)(5)项还需要经过电话营销人员手工拨打来核实。

四、电子邮件

许可式电子邮件营销是在全世界都非常流行的营销方式。根据2008年美国的统计，其投资回报率大约是目录直邮的10倍，是电话直销的4倍，所以越来越受到企业的重视。在中国，由于目前对于垃圾邮件的管制还不规范，企业和私人的邮件地址被滥用的现象严重，所以邮件营销被很多人误认为是骚扰和垃圾邮件，没有得到充分的应用。

专业的电子邮件营销可以帮助企业解决数据质量差、无法如期到达客户邮箱的问题。在发送邮件之前，衡量电子邮件数据的质量相对简单，主要包括：

(1) 电子邮件的字段是否包括@、net、com等；

(2) 电子邮件是否为客户经常使用的。

第一个目标可以通过软件清洗实现；第二个目标可通过电话营销人员在与顾客通话时询问，当然也可以在发送时根据反馈情况了解。

五、地址和邮政编码

地址和邮政编码对于那些希望通过目录直投的方法打开市场的企业，特别对于一些企业或家庭消费日用品行业来讲，比如办公用品、化妆品等特别重要。

根据客户对象的不同，可以将数据分成企业类数据与家庭类数据。由于邮政编码是国家统一的，所以关键还是看地址，通过地址，商家可以进行账单邮寄以及市场宣传活动。从地址中可以读取客户所属行政区域(中央商务区和郊区农村在消费力上当然无法比较)，也为未来分析区域客户消费潜力提供了依据。由于地址信息是一种自由格式的多信息单元变量，目前我国在填写的规范性和完整性方面与发达国家相比还有相当大的差距。客户在填写自己的地址信息时仍存在一定的随意性，因此，导致了很多地址数据质量问题的产生。地址的主要衡量标准包括：

(1) 邮政编码位数是否正确；

(2) 地址是否和邮编相一致；

(3) 是否由于填写不规范缺少某项关键信息，如缺少街道辖区信息；

(4) 是否以习惯的名称称呼而非正规地址名称，如××大厦对面，这样的信息不可以出现；

(5) 邮编是否在邮政总局规定的邮政编码范围内；

(6) 省份、城市、区号和邮编是否一致，如010、北京、100025。

第三节　客户数据使用的流程

一、客户数据库建档

在获取客户数据之后，下一步要考虑的就是采用哪些关键性信息，以帮助企业进行客户的开发和维护，这被称之为数据库建档。在很多人眼里，数据库档案就是简单的信息罗列，但企业需要的不仅仅是信息，而是更重要的能够不间断地提供动态的、反映销售流程变化、满足企业营销策略的营销型数据库。

通常来说，营销型数据库中应该包含如下几种类型的信息。

(一) 客户标识信息

所谓客户标识，就是关于客户的基本描述、联系方式(地址、电话号码等)，以及客户的性质与一般行为方面的信息(心理与行为特征等)。从这种类型的信息中，我们可以判断和识别客户的身份。

1. 个人客户标识

如果企业的目标客户是个人消费者，那么客户标识中应该包括如下主要信息：

(1) 客户的姓名(最好要全名，不要只有姓氏)；

(2) 性别、年龄(由此可判断其对电话营销的敏感程度)；

(3) 头衔或称呼(职位或头衔，如总经理或副教授)；

(4) 联系地址(家庭或公司，最容易联系到本人的地址，要求详细)；

(5) 婚姻状况(通常已婚比未婚的购买力更强、更稳定一些)；

(6) 收入(月收入或年薪，更详细地可收集消费者的收入分配，包含主动性收入和被动性收入，如房产的租金就是典型的被动性收入)；

(7) 孩子数量或未来的孕育计划(这在婴童行业经常用到，以此来判断消费潜力)；

(8) 联系方式(办公室电话、家庭电话、手机、传真、电子邮件、邮政编码等，这些联系方式的使用必须与企业的产品和所采取的营销方式密切相关)；

(9) 特殊身份(如是否办理了俱乐部的VIP卡)；

(10) 客户服务记录(包括个人咨询、投诉，以及对每次客户服务中心组织的调查进行的反馈)。

2. 企业客户标识

如果你是面对企业进行营销，那么客户标识中则主要包括以下信息：

(1) 公司名称；

(2) 公司地址(总部及分部常用地址)；

(3) 主要联系人或关键人的联系方式(办公室电话、家庭电话、手机、传真、电子邮件、邮政编码等，详细程度与企业希望采取的营销方式有关)；

(4) 人数规模；

(5) 行业类别；

(6) 企业性质；

(7) 企业网址。

(二) 需求判断信息

美兆健康管理集团拥有全球最大的华人体检资料库，是一个非常优秀的运用数据库营销理念运营的公司。登录公司的网站，便可以看到会员专属网页，只要是会员，就可以点击进入，参加身体状态检查、预约体检等服务。此外，网站中还设置了免费网络调查的内容，主要包括平时的运动情况，有无重大疾病史(后面罗列33个大病系列选择项目)，是否经常参加体检、频率是多少，习惯利用哪些方式接受健康的资讯(EDM形式)等。这些免费网络调查的问题，就是属于营销型数据库的“需求判断类”信息。

需求判断类信息可以帮助我们判断销售机会，推动客户开发的进度。正所谓“找对人、说对话、做对事”，在推销之前，通过需求信息的判断，尽可能地把潜在客户群找准、找全，是展开活动、进行销售的最基础也是最根本的工作。每个企业都应该好好地花心思对目标市场进行研究，做出适合自己的客户需求特征。需求判断类的信息主要集中在以下三种类型：“预算”、“需求分析”、“关键人的态度”。下面以培训机构举例说明。

经营销售培训的机构可以设计以下问题来判断需求信息：

(1) 企业有无专门的给销售部门的培训预算。如有，说明这家公司比较重视对销售人员的培训，这就是一个典型的“预算类”判断信息。

(2) 企业以前有无相似的产品或服务使用经历，比如以前有没有接受过销售领域的培训。如有，则说明该客户具有潜在的销售培训需求。在推销时，不需要再和企业领导沟通销售培训对员工是否重要，而重点是和以前的培训供应商比较有无竞争的优势。这是典型的“需求分析类”的信息。

(3) 老板是否爱学习、是否爱读书，每次培训是否会到场参加，通过这些问题的沟通，可以判断该企业的关键人对培训学习的态度。

(三) 联系记录与进度

根据权威数据统计，在电话营销过程中，从接触陌生客户到完成交易，通常需要4～6次的电话沟通。为了检查营销人员的绩效，每一次的沟通都需要电话营销人员记录下来，以备查核。随着技术的发展，现在已经有专门的电话营销客户管理软件，可以实现录音和话术的读写功能。电话营销经理可以通过后台听取营销人员每通电话的录音，检查平均通话时长(通常正常的平均通话时间为3.5～4.5分钟)有无异常，大大方便了联系记录的保存和检查工作。另外，为了掌控销售的进度，电话营销人员通常可以用百分比的形式表现达成绩效的可能性，例如15%代表已经联系到了决策人；50%表示客户已有意向合作；75%表示客户已经有明确的合作意向，在近期就会达成合作；100%表示已经合作等。

(四) 客户交易记录

当企业与客户成交之后，数据库就会增添新的有关交易的记录，以便于维护客户，并从记录中进行数据的分析与挖掘，再次开发客户，以及配合市场促销新品等。这就需要所记录的客户信息至少包含以下数据字段：

(1) 购买的产品或服务种类、数量以及单价；

(2) 购买的频率，如每月购买的次数；

(3) 最近购买的时间，平均购买的时间；

(4) 客户购买的方式与付款的方式(现金、信用卡、支票、账期等)；

(5) 促销任务完成的统计情况，主力产品的销售渗透情况等。

该类交易信息的记录均来自于产生订单行为之后的阶段，数据需要财务、物流等部门共同配合完成。通常都可以通过ERP订单处理系统反映出来，以便各部门进行查询、统计报表使用。

需要强调的是，客户交易数据或记录是属于企业的资源，而不仅仅是电话营销部门独有的资源。作为企业最高的管理者，应重视数据管理的工作，最佳的方式是设立专门的数据管理专员，并与其签订保密协议，而不是简单地扔给电话营销部门来管理，否则一旦客户数据流失，将会给企业造成无法弥补的损失。如果企业拥有专门的客户关系管理软件，那么客户的交易记录必须进入公司的客户关系管理系统进行保存，数据管理人员要定期检查，以防止有价值的数据掌握在电话营销人员手中，而非公司所拥有。另外，为了更好地发挥客户交易记录的作用，企业应定期进行客户数据的更新和整理，并对客户价值进行分析和挖掘，在配合企业全面的市场任务的背景下，充分发挥数据的作用。

二、数据清洗与整理

(一) 数据格式化

从不同来源获取的数据，其形式可能存在差异。在进入企业正式的数据库之前，必须先按要求将数据的格式进行统一。这项工作包含很多细节，如必要的字段设置、挑选的数据库软件(Excel、Access、SQL)、数据库查询设置，以及编辑和重新格式化记录等工作，使得每一个字段要素能够进行统一的分析，追加的记录将在编辑和格式化的过程中加入进去。企业也可以把所需的数据格式设计好，然后发给外部的数据公司，让其根据企业的要求来增加或减少一些字段的设置，然后利用软件自带的导入/导出功能获得规范的数据。

(二) 去重比对

在实际购买名单的过程中，名单可能有很多批次，时间上也会有先后之分，因此新买的数据可能会和已有的数据冲突。所以，每当新进一批名单，必须和已有的名单进行比对，利用软件自带的函数命令(如Excel里常用的函数是vlookup)进行新旧名单的关键字比对。比对都有一个标准，这个标准通常是新旧表格里都应用的通用字段，比如数据的编码等，具体可根据公司的实际情况来设置。

经过比对之后，就会发现哪些数据是已经重复的，需要去掉。在一些销售管理系统中，经常看到一些公司为防止业务人员撞单，或总部与渠道撞单，都应用了提前报备的功能。其实，这就是利用管理软件的功能来帮助比对，以防止数据重复。

通过比对和去重挑选出唯一的信息在直邮投递领域应用最为广泛，也最为重要。目前也有专门的软件和系统可以实现同时比对、去重甚至合并的功能。这个步骤的作用在于能够更精确地定位目标客户群的特征，同时也是能获得不错的反馈打击率的必要保证。在实际的应用中，对特殊的情况要根据实际调查的结果进行批注，比如在统一的地址里有多户使用，是否是实际的办公地址以及其他问题。当把这些经过比对的数据交给营销人员的时候，营销人员不用再为确认数据是否正确而浪费时间。

目前大部分的公司都使用Excel来处理客户的数据，所以建议大家好好学习Excel在数据筛选和比对方面的知识。如果掌握得好的话，其实根本不需要购买昂贵的客户管理软件就可以管理自己的客户资源。

(三) 定期更新

一旦通过专业的程序和命令发现名单重复，接下来就必须开始更新以保证资料最准确。请读者注意笔者在这里的用词，是“最准确”而不是“最新”的，为什么呢？因为很多时候企业购买的所谓最新的数据，不一定能够反映客户目前真正的状态。所以正确的做法是把这些重复的数据拿到一边，挑出不重复、唯一对应的数据，专门请营销人员进行电话预拨核实。主要包括确认数据的有效性，去掉空号、错号等，其中电话号码的更新必须通过人工进行核实，以获得最准确的信息。

（四）准备分配

一般做完更新信息这个步骤之后，就可以分给具体的营销人员了。但在分配之前，最好根据企业的实际情况进行分类和分级。

1. 信息分类

可以按区域来进行分类，如做全国性的网络平台推广；也可以按企业性质分类，如主要做外资企业的英语培训。具体情况具体分析，一切以符合实际、能够有效推动业务增长为划分依据。

2. 信息分级

分级更为复杂，一般要考虑综合因素，常见的包括客户群的收入状况、学历水平、准确率大小、性别等。可以将客户分成优、良、中、差等不同的级别。一线的主管根据不同的目的来实施分配，而决定主管是否是高明的营销操盘手的关键也是看其在这个时候的发挥。一般的原则是优质的资源分配给优秀的营销人员，因为市场中优质的客户资源有限，竞争对手都会时刻觊觎，因此，必须为优质客户提供最全面、周到的服务。

第三章

电话营销成功的根本：合适的产品

第一节 哪些产品适合电话营销

不论你是刚开始创业，还是已经考虑利用电话营销来经营自己的产品，你都不得不考虑的问题是：我们到底应该选择什么样的产品来进入市场？我们在选择产品或进行产品设计时，需注意哪些要点？我们的产品适合用电话营销的方式销售吗？围绕产品本身，如何进行卖点的诉求，以使得该产品的成交率更高呢？本节将为你解答这些疑惑。

一、适合电话营销的产品特点

(一) 产品具有高毛利空间

1. 电话营销企业的成本构成

要想做好一家直复式营销体系的公司，首先要考虑的问题是如何控制运营成本。通常该类企业需要投入的成本包括：目录印刷与投递费用、电话费、呼叫中心的操作系统建设费用(通常为一次性投入，按座席数征收)、产品本身的成本、营销人员的提成、促销礼品及市场活动费用、货到付款产品代收款费用(具体与物流公司协商)；当然，如果企业比较依赖广告(如电视购物频道广告、网络门户广告及传统报纸广告等)，还需要投入大量的广告费用。如果企业的运营状况不理想，不能实现“薄利多销”的赚钱宗旨，且在物流配送中无法控制质量，发生诸如拒收退货、回款周期拉长或坏账呆账较多、产品库存压力大等现象时，那这家企业的利润可能会受到影响，甚至造成亏损。

通常以直复营销方式销售产品的企业其成本投入结构如下(按销售额占比)。

(1) 产品进货成本：20%～25%。

(2) 广告或媒体分账费用：18%～20%。

(3) 物流发货成本：约13%。

(4) 杂志印刷与投递费用：8%～10%。

(5) 人员工资提成：5%左右。

(6) 电话费用：8%左右。

(7) 管理费用：10%～20%。

(8) 其他：8%左右。

2. 电话营销产品的利润率

按直复式营销企业至少5%以上的产品利润率计算，通常该类企业所选择的产品应当具备35%以上的毛利率水平，否则各项运营费用的控制将非常困难。因此，适合电话营销模式的产品其最基本的特点就是必须具备高毛利的空间。

案例：Zappos的毛利空间

在美国，一个华人小伙儿创办的网络鞋店声名鹊起，堪称“家喻户晓”，2007 年鞋店的销售额超过 8 亿美元，占美国鞋类网络市场总值 30 亿美元的 1/4，他的网络鞋店也被称为“卖鞋的亚马逊”。这位而立之年的华人小伙名叫谢家华，他开设的网络鞋店就是Zappos。

Zappos的成功有很多关键的制胜因素，而其中最为人所津津乐道的就是谢家华的看家“功夫”：承诺向所有的客户提供真正的无条件免费退、换货。Zappos向客户承诺，如果鞋不合脚，送货、退货一律免运费。为此Zappos付出了一亿美元的运费作为代价。尽管退货率高达1/4，但平均每份订单的金额达90美元，所以仍给Zappos留下了足够的利润空间，扣除送货和退货费用后，毛利仍能达到35%。由此可见，鞋子的高毛利空间为Zappos无条件免费退、换货的承诺提供了有利的运营支持，奠定了Zappos成功的基础。

(二) 具有类似特征的客户群，且规模庞大

1. 客户规模庞大

潜在客户的数量是衡量一家企业生意能否做大的关键因素，加之许多企业往往实行“薄利多销”的盈利策略。因此，必须依靠庞大的客户数量方能维持一个高水平的利润额，否则运营只能勉强维持，也脱离了企业争取利润最大化的目标。

2. 客户的特征类似

除了客户数量足够多之外，客户群必须具备类似的特征。无论一家企业的业务是针对企业、个人还是家庭，其产品或服务针对的客户对象总是有限的，运营资源也是有限的，而有限的资源只能聚焦到某一类客户群中来分享，不可能面面俱到。因此，适合电话营销模式的客户群必须是针对特定的、具备类似特征的人群，也只有这样，电话营销所采用的市场策略才有统一可复制的可能性。

(三) 产品本身具备持续性消费的特点

如果企业所经营的产品本身具备持续性消费的特点，或消费的频率比较快，那么也就意味着当企业选择这个产品进行经营时，就占据了产品的先天优势，即依靠老客户对于产品的重复消费就可以获得盈利；而如果没有这个优势，那就意味着企业必须不断地开发新客户，拿到新订单，企业的经营也会不断面临着开发新客户的压力。通常，具备持续性消费特点的产品分为以下几个类别：

1. 消耗性产品

一旦消费过后，产品的价值就消失了，消费者必须重新购买，例如汽油、食品、日用品、保健品等。很多人知道惠普主要是靠卖打印机起家的公司，却很少有人知道墨盒和硒鼓等打印机耗材才是惠普最赚钱的生意。

2. 升级性产品

升级性产品即我们经常说的产品升级，微软的Windows操作系统软件就是该类别的典型代表。从Windows 95一直到Windows 8，习惯使用微软平台的客户跟随产品升级的脚步，不断地为软件平台投资，从而也成就了微软的软件霸主地位。

3. 扩充性产品

这也是企业常用的“招数”，即交叉销售。买了计算机，就想买打印机、扫描仪、光盘刻录器、各式软件；买了西装，就要买领带、衬衣等。这都取决于经营者在产品方面是否具有长远的规划。

4. 累积性产品

保险或定投基金就是累积性产品的典型代表。以定投基金为例，每个月投资者都要花2000元购买基金，而且每次购买的都是同一只基金。因为是相同的产品，所以可以不停地累积。

扩充性产品与累积性产品的区别在于：扩充性产品是指每次销售的产品都是不同的；而累积性产品则是重复地销售同一种产品。

二、天生适合电话营销的产品

原则上，具备上述三个特点的产品都可用电话进行推销，但是有哪些产品本身就具有适合电话营销的先天优势呢？

（一）产品标准化，无需太多体验

产品标准化意味着容易使人理解。根据统计，一般平均一通销售型电话的时间为3.5～4.5分钟，客户在电话里不可能花太多的时间听营销人员讲解。所以，产品的功能与特点能够在3分钟内讲清楚，功能不会过于复杂，产品效果不需要过多的体验环节，这样的产品是适合电话营销的首选产品，例如手机、信用卡等。

（二）价格不高

客户不会轻易地通过电话来购买昂贵的产品，例如钻石、珠宝等。所以如果企业希望通过电话营销销售这些产品，电话只能充当辅助性手段。例如知名的钻石连锁品牌"钻石小鸟"，借助网络与400电话接触到目标客户，然后通过电话邀约，邀请客户到设在高档写字楼的样品店铺中进行参观，并通过现场工作人员的专业讲解和推荐，帮助客户挑选到合适的钻石品种，电话在整个营销系统里只是起到了邀约与为客户服务的作用。

根据各地区经济发展水平的不同，各区域所能接受的电话营销价格范围也有所差异，一般沿海地区可以接受的价格在5000元左右，内地区域从几百到2000元不等；另外，针对个人与企业用户，电话营销的价格水平也不一样，通常个人接受度要比企业接受度少很多。

（三）产品已进入市场成熟期

当一个产品进入成熟期时，不论是品牌、渠道、价格、服务，对于客户来说都非常熟悉。所以在这个时期，对于客户而言，虽然透过电话看不见、摸不着，也能放心地购买。同时，用户也能比较清楚地知道自己想要什么配置、什么功能的产品并且用来做什么。所以当一个在传统渠道销售的产品品牌，如iPhone手机，转移到直复营销领域，利用电视购物的方式进行销售，往往效果会很好。

（四）没有运输的困难

目前，除了数字化产品，如软件等产品，一般通过电话营销模式销售的商品大都采用送货上门或邮寄的方式。因此商品不能太大、太重或易碎，否则不适合以电话方式进行销售。还有一个原因，就是商品的运输时间不能太长，必须在客户的忍耐范围之内，否则客户会因此转而选择其他渠道购买。通常能满足以上条件的产品包括计算机、手机、图书、日常用品等。

第二节　产品分类

一、需要与想要

人们对产品的欲望分为需要和想要，即“实际上的需要”(need)和“心理上的想要”(want)。“实际上的需要”是指一个人在生活或工作中的基本需求；“心理上的想要”是指精神上的满足或观念上的认知。例如吃饭，一般的超市大米就可以满足了，这里大米是属于“需要类”的产品；如果要吃有机大米，满足自己养生、健康等高品质生活的需求，就属于“想要类”的产品，下面分别阐述。

(一) 需要且想要

这类产品大部分都比较适合电话营销，代表产品如贷款、分类广告、VIP卡、信用卡等，电话营销的特点如下：

1. 必须抢时间

由于这类产品的使用者往往主动购买，而且产生需求的时间比较短，例如信用卡、分类广告等，所以电话营销人员必须抢在竞争对手之前接触准客户，这类产品电话营销的特点是必须掌握准确的信息，通过扩量快速进行过滤。

2. 销售难度低

既然是“需要且想要”的东西，销售的难度自然不会太高，无须太依赖关系因素，也不需要太深奥的销售技巧，所以在培训方面不需要花费太多的精力。

3. 通话时间短

这类产品由于非常简单，所以通话的平均时间都比较短，关键是要提高通话质量，只要把关键的卖点、利益讲清楚就可以了。如果客户有意向购买，就尽快促成交易；如果客户没有意向，也不必浪费时间游说，而是尽快寻找下一个目标顾客。

(二) 不需要但想要

这类产品电话营销通常只是起到辅助和支持的作用，不可能一次性完成销售，要将销售流程化，分阶段达成目标。这类产品不是电话营销的主力类别，代表性的产品有酒店VIP卡、期货买卖、钻石、高级手表等。其电话营销的特点如下：

1. 定价弹性较大

准客户可以允许较高的价格，价格也没有公认的标准。客户不好比较。

这种产品对销售人员的产品知识掌握度要求较高，需要顾问式销售的经验和技巧。

2. 市场上名单供应少

市场上能够满足条件的客户数据比较少，很难获取，并且由于缺乏群聚效应，目标客户名单的整理和更新困难。

3. 电话营销只是辅助功能

在销售此类产品时，电话营销只是负责其中一个环节，不可能是全部。电话营销只是作为数据清洗、销售线索挖掘、活动邀约的工具，即只是营销流程中的一个部分而已。

(三) 不需要也不想要

此类产品根本不存在商业机会，任何营销工具都没有用武之地。

(四) 需要但不想要

此类产品属于刚需产品，适合电话营销长期应用。只有真正需要的人才能长期支持营销行为，但同时由于客户的观念障碍，导致产品的销售难度非常高，所以要求营销人员拥有高超的销售技巧。通常营销人员要具备引导式需求挖掘的技巧，销售此类产品的策略是首先营销人员应该说服客户接受其观念，然后再推荐具体的产品。比较典型的产品包括保险、信用卡、幼儿学习图册等。

二、感性与理性

根据客户的消费行为对产品的影响，可以将产品分为感性消费产品与理性消费产品。也就是说，客户在考虑是否采购该产品时，是感性多一些还是理性多一些，这样销售人员在使用销售技巧时才能对症下药，是使用感性的销售技巧，如描述使用感受；还是使用理性的销售技巧，如数字化分析。

(一) 高理性、高感性

购买高理性、高感性产品的客户都会考虑很多因素，多次挑选，反复斟酌。销售此类产品需要坚持，多次跟进，同时具备感性和理性的销售技巧，这类产品的销售特点是成交周期长、难度大、提成高。电话营销只能起到前期的邀约或意向挖掘的作用，一般客户在考虑是否购买这类商品的时候，不仅要理性分析，同时也要进行感性分析。例如买房子，总价高达几百万，房间面积、单价、得房率、周围配套、交通便捷性、未来增值空间等都要理性分析；同样，决定买一套房子，不仅要看硬件，还要看软件，如环境、空气污染、邻居的素质等，有时候一个很小的环境因素也会影响消费者的决定。

(二) 高理性、低感性

高理性、低感性产品的消费都是基于日常实际需要而采购的。例如车险，通常都是上一年度的车险快到期了才会再次购买，这类产品都是必需品，所以在销售技巧上要多应用数字化、对比、比较等方法，常见的此类产品包括贷款、租赁、分类广告等。

(三) 低理性、高感性

购买低理性、高感性产品的客户往往不太关注价格等因素，很大程度上就是一种感性消费，这类产品注意的是客户的体验和购买的氛围，比如总价比较低的分割性产权商铺，电视购物上琳琅满目的产品，叫不出名字的国外二三流的服饰、高级化妆品，商场里陈列体验的高级按摩椅等。销售这类产品时，氛围要营造得很好，配合高价值的内涵，同时对营销人员的热情度要求较高，要能听出客户的心声，敏感地抓住打动客户心弦的因素，同时要配合好各种展示媒介。所以对此类产品，电话营销只能作为辅助手段，大部分都是靠其他渠道来推广而成交的，例如电视广告、商场陈列等，也要依赖一些提前体验的方式来促使成交，如试戴、试用等。

(四) 低理性、低感性

客户在购买低理性、低感性的产品时往往随意性较大，属于客户的习惯性消费，例如口香糖、薯片、饮料等，这类产品往往比的是价格和终端的铺货量，根本不需要电话营销，因为很常见，客户可以随时随地购买。

第四章

设定适合的沟通渠道

在电话营销体系中，如果将产品比喻成子弹，数据比喻成目标，那么以电话为核心的媒介组合就是用来射击目标的武器了。无论媒介的组合使用形式怎么变化，目的都是为了掌控产品与目标客户的双向沟通过程，并可以通过基于营销投资回报率的模型测算，不断测试、不断改进。

电话营销虽然威力强大，但如果离开了其他媒介的支持，那么作用也会大打折扣。在直复营销领域里，经常与电话配合使用的媒介包括目录直邮、电子邮件、传真、短信等。其中，目录直邮与电子邮件的应用最为广泛，而且效果也比较突出，受到越来越多企业的青睐。

本章将围绕这几类媒介之间的组合与优化进行阐述。并对最常用的目录直邮和电子邮件进行详细介绍。

第一节 常用沟通媒介的设置

一、纸上商店：目录直邮

目录营销是指运用目录作为传播信息的载体，并通过邮政投递渠道向目标市场成员发布，从而获得对方直接反应的营销活动。世界上第一个用于营销的目录诞生于15世纪的欧洲，是一本关于书籍的目录。1888年，西尔斯·罗伯克公司出版了它的第一本商品目录，目录销售开始受到商家们的青睐。在之后的5年中，目录营销突飞猛进，年增长率均不低于25%，因此将目录比喻成一个个纸上商店一点也不为过。

现在，目录销售已经被广泛应用在B2B与B2C等业务模式中。拿办公用品B2B业务来说，消费者可以在欧迪办公或史泰博这样的办公用品零售商店里看到一本本印刷精美的目录册，上面所列的产品五花八门，包括了所有种类的办公用品、办公设备、电脑辅件或办公家具。用户可以通过“800”电话订购，也可以通过信函或传真订购。这类目录通常寄发给经过挑选的准客户，或者是那些在一定时间内向本公司下过购买订单的人。在过去的10年时间里，企业的商品目录也变得越来越像消费品目录，讲究色彩、图案布置和对购买的鼓动性，并具备了一定的收藏价值。

(一) 目录营销适合的客户特点

统计调查表明，目录购物者有着与众不同的特点。这些差异表现在人口统计特征、生活方式、对购物的态度和其他各方面。据有关研究显示：目录购物者通常受过良好的教育，从事专业性或管理性工作，收入较高，乐于接受新技术，拥有股票或债券。

根据美国《直复营销》杂志上的有关统计资料表明：从人口统计特征来看，女性目录购物者多于男性，所占百分比为58%；目录购物者中，已婚消费者的比例较高，占全部购物者的57%；从年龄方面来看，25～54岁的目录购物者占有较大比重。

从生活方式方面来看，目录购物者往往显得更能融于时尚。有很大比例的目录购物者使用多种家庭应用新技术手段，包括家庭计算机、自动应答装置等。他们喜欢使用自动取款机和信用卡，喜欢做证券投资，甚至喜欢饲养宠物。目录购物者对休闲活动更积极主动和富有活力，他们喜欢阅读，经常去餐馆就餐、看电影、听音乐会、看话剧。而且，他们购物的数量也较多，特别以城市中具有消费力的中产阶级为主，这些人群正是适合直复营销产品的主力消费人群。

从媒体接触来看，目录购物者在看电视、听广播和读报纸方面每天所花的时间比非目录购物者长。相比其他消费者而言，他们更有可能会收听电话推销录音、阅读电子邮件广告。这也是为什么目录营销成为直复式电话营销体系中重要应用媒介的原因之一。

(二) 目录营销的优势

相比其他媒介而言，目录营销具有以下几个优势：

1. 信息量大

在以消费者为营销对象的目录中，产品品类繁多，包括服装、饰品、家庭用具、食品、日用品等。大多数消费品都可以通过目录进行销售。目录中包含了各种商品的图片以及品质、规格和用途的说明，信息量大，利于客户进行比较和选择。

2. 兼具理性与感性

通常，经过设计的目录印刷精美、赏心悦目，而且图文并茂，综合应用了摄影、美术和色彩的搭配，有些日用品或化妆品的目录上还附带保养或使用产品的常识，给客户的感觉像是在阅读一本时尚杂志，有利于客户对产品感性的诉求，以促使其做出购买的决定。同时，目录上也标有产品的价格、款式、规格、功能特点等细节，方便客户做出理性的购买决策。所以，好的目录会兼具理性与感性的特点。

3. 易于保存

除了一般的8P的薄目录以外，通常加厚的或异形的(如正方形)目录、印刷质量上档次的目录更容易被客户保存。客户可能会出于喜爱，或以备将来之需的考虑而将目录保存下来。通常目录的保存期从若干个月到若干年不等，只要目录在客户的身边，那么产品的销售机会就会一直存在，这就使得目录的促销效果大大增强。

4. 性价比明显，易于测试营销效果

目录营销的直接销售成本非常低廉且容易控制，主要是一次性的设计成本、按投放量计算的印刷成本和邮寄成本。设计成本主要是首次的排版设计和美工费用，如果企业经常印刷目录，那么只需要把产品摆放的顺序和框架设计好，然后放入后续的产品即可。所以设计成本往往是一次性成本，一次投入，数次受益。后两者都和目录的投放量有关。如果企业产品目录的投放量大而且投放频率固定(如每月一次)，那么这些都可以作为与制作公司谈判的筹码。所以从成本角度来说，目录的成本是可以控制的。

从营销效果来看，目录营销在到达率这个指标上表现的是比较好的，仅次于电话营销。目录投递效果的精准程度主要依赖于邮政或企业自建投放系统的质量控制，除非地址有误，一般来说，投递的准确性是相当高的。如果目录的产品组合设计合理，具有强大的吸引力，那么势必会吸引一些潜在的消费者主动打电话进行订购。通常该比例在0.3%～1%。如再加上电话的跟进，通常该比例会上升到2%～4%，有的快速消费品甚至更高，能达到13%。所以从组合营销的方式来看，目录营销的效果完全可以被衡量，并可以通过不断的测试与优化达到复制扩大生意的目的。

尽管有些人认为目录营销附带有“面向低端”消费者的倾向，缺乏高技术后盾以及客户认知、社会顾虑等，但以上所述的独特优势仍然决定了这种营销模式不会被时代所淘汰。在这个整合营销传播的时代，目录营销必将成为提升企业业绩的有力手段，它的威力正被越来越多的企业所认识和接受。

案例：宜家如何利用产品目录赚钱

对于家居巨头宜家而言，向锁定的消费群寄发目录手册，远比铺天盖地的做广告廉价和有效得多。自1999年，宜家试探性地印刷了一本32页的产品目录开始，这种营销方式就在其营销战略中占据了很重要的位置。

宜家在进驻中国以后，为了与当地竞争对手争夺对价格敏感的中国消费者，努力地降低成本并不断地扩展在华业务，宜家许多产品的全球最低价格都出现在中国。宜家的产品目录，也可以理解为是一本降价促销手册。

目前，宜家每年在中国市场推出5本新品手册。《美好家居指南》5本分册亮点各有侧重，风格也颇为鲜明。这种新推出的40页厚的小册子增加了单个产品的图片，减少了产品的全景展示效果图，后者使宜家传统的产品目录看上去像是一本装饰杂志。宜家目前简单地把他们的典型目标消费者定义为“平均每月挣3300元，每次来宜家消费300元

的人”。宜家不仅通过目录营销促进销售，更重要的是，通过这一精美的目录手册进一步巩固品牌形象，提升品牌美誉度和客户忠诚度。

宜家在中国的营销负责人吴麦德表示，压缩商品目录的厚度也可降低印刷成本，有助于更多中国家庭得到这一目录，从而使宜家中国的目标客户对该商品目录的拥有率从目前的40%提高到80%。改版后商品目录每期的发行量将为700万册，而改版前的发行量只有250万册。宜家将继续向中国的100万核心客户提供内容更丰富的商品目录。

据贝恩管理顾问公司估计，中国不断增长的个人家装市场目前规模已达150亿美元，宜家在这一市场的占有率为43%。随着宜家在中国的业务进一步向内陆城市渗透，该公司在运营成本方面的压力预计会进一步加大，但目前宜家的目录手册已经成为时尚生活价值观念的演绎者和记录者，宜家只能在当前的目录上创新，并继续“发扬光大”。

(三) 如何编写直复营销目录

客观来说，编写一本有超强销售战斗力的直邮目录是对企业经营策略、产品策略、营销企划等能力的综合考验。如果你认为做一本目录只是设计或市场部门的事情，那可就大错特错了。在编写目录的过程中，通常需要各个部门通力协作才能完成。

在这个过程里，市场部门应负责设计、排版，买赠或其他活动的策划，促销礼品的选择以及投放预算的控制；销售部门负责反馈最新的客户动态及市场信息，特别是季节性动态和竞争对手的商业策略；商品部门负责主推产品的种类，包括各大类目录罗列产品的选择、商品策略的制订，以及争取供应商的优惠条件谈判等；物流部门负责商品的调转和储备，以及对各种活动的配合支持等。基本上每一个步骤都需要各相关部门的密切配合才可以被执行。例如，通常设计目录首页的目的就是吸引阅读者立即行动，拨打电话。为了达到这个目的，市场部门必须构想促销策略，常见的有买赠、积分、限时抢购等方式;而商品部门必须根据这个策略在众多的商品中选择合适该策略的产品进行组合，或者是新品上市，或者是低价吸引新客户，或者是主力高利润产品重磅推出；当策略与商品组合布置好之后，销售部门必须接受相应的培训，并根据该策略设计吸引客户的销售流程与话术，并制订相应的奖惩措施，以刺激该措施的执行落实；物流部门也要根据该市场活动的容量提前安排好库存和配送路线，如市场部门承诺加速送货，则必须优先安排该促销活动的产品尽快到达客户手中。所以，虽然看上去只是一本小小的目录，但牵一发而动全身，必须充分重视。

那么，编写直邮目录究竟要掌握哪些要点呢？

1. 吸引力从信封开始

消费者在收到目录时，通常是从接触信封开始的。根据行业统计，消费者在每封信件上只会停留短短的7秒钟。如果目标客户连信封都不拆开，直邮销售的成功和效率便无从谈起了。即使目录内的产品活动设计得十分吸引人，如果表面文章——信封没有装饰好，那么也会造成巨大的浪费。所以企业必须抓住直邮信封上的每一个元素和细节，使其能够充分传递企业的营销信息，把最诱人的卖点推销给目标客户，让他们毫不犹豫地打开你的直邮信封。

在信封的设计方面，通常要注意以下几个方面：

(1) 信封的尺寸

一般来说，尺寸比较奇特、不合常规的信封能够有效地吸引目标客户的注意。

(2) 透明缺口展示

可将直邮信件中能够吸引目标客户的部分展示给他们看。常见的如中国电信的宽带办理活动促销单等。

(3) 信封的材质

普通信封的材质是24磅纸张，但有关研究发现，有织纹的纸张能够立刻让目标客户感到高档、有声望；用薄玻璃纸制作的信封能大大提高直邮信件的时尚感；金属箔片材质的纸张让目标客户觉得企业的产品质优价高……

2. 直邮目录的设计风格

在目录销售过程中，要克服的最大问题就是：目录在物质形态上是冷的、是死的，无法像人一样用语言和表情去传达热情和善意。所以，一本成功的目录，它在风格上一定要能够给人以亲和、温暖的感觉，这就涉及了有关直邮目录的颜色设计问题。请注意，在这里我们讨论的是适合大众消费品的目录，和一般的广告设计或渲染自己独特理念的公司的展示型目录不一样，因此设计风格不需要突出个性化，而是一切为了达到更好的销售效果。通常影响目录设计风格的因素如下。

(1) 颜色

根据以往的经验，以浅淡的颜色制作目录成功的概率比较大，比如白色、粉红色、浅蓝色等，当你不太清楚用什么颜色做目录时，这些都是保险系数比较高的颜色。当然，也有一些公司，为了与公司的形象保持一致，在封面封底上应采用公司统一的形象颜色，如欧迪办公的目录封面是大红色，但内页是白色与蓝色相搭配。还有一种情况，就是遇到特别的节日，如中秋、圣诞、国庆等，需要配合做统一的促销。那么，适合中秋节的金黄色、适合圣诞节的红白配色以及适合国庆节的绛红色，都是需要调整的。深暗的颜色、冷酷的金属色等在背景色上请谨慎使用，除非设计人员有很强的美术功底。

(2) 规格版式

目录的规格尺寸由商品数量和每个品目所占空间所决定。商品在目录中的展示空间则取决于广告内容和对展示有效性的要求。国外最常用的规格尺寸是8.5英寸×11英寸，目录的页数也从几页到上百页不等；国内的标准通常是16开，尺寸为210mm×285mm，8开的尺寸为420mm×285mm。有些企业为了突出目录的效果，也采用一些专用的异形尺寸，比如宜家家居、DHC使用的是正方形目录。在相同的颜色和设计下，通常异形目录的效果会优于常规目录的效果，但由于要定制规格，所以要承担模版费用，所以一般成本较高。这样的目录在知名的家居、化妆品等品牌企业中应用较多。

3. 直邮目录的编辑结构

直邮目录按用途分，一般可分为用于消费者查核的年刊，以及用于短期活动促销的月刊。年刊通常页数较多，内附详细的商品目录；月刊主要针对某种活动而推出，一般页数较少，通常为印刷的最低起印单位，如8P、16P等，内列主推活动说明和重点产品介绍。不论目录的类型怎样，通常在各页面的编辑中需要注意如下要点：

(1) 封面

封面是目录的门面，色彩除了要考虑公司的品牌形象之外，也要考虑所要表达的主题是什么。B2B类型(如史泰博)应突出品牌的专业、庄重，活动的主题，客户可以得到的实惠便利等；B2C或B2F的目录(如红孩子)，应突出人性化，营造温馨的感觉。不论是B2B或B2C，都要显示醒目的订购电话以及有特色的承诺，例如“24小时订购热线”、“订单满百，免费送货”等。

(2) 封二

如果是新公司打市场，在此页可放公司的介绍；如果是发给长期合作的老客户，那么放本期的重点产品以及有特色的礼品活动比较适合。重点推荐的方式，包括免费提供体验装、超值套装，买满赠礼等。

(3) 内页

这是目录的主体部分，通常可包括的内容是企业领导的致辞、老客户或第三方权威机构的推荐、主要产品的促销活动介绍、商品的分类目录等。这其中，商品的分类目录是重中之重，在此方面应注重如下环节。

- 产品的分类方法。可根据企业本身运营的产品线分类，也可根据消费者的使用习惯分类。例如，日本爱速客乐公司在办公文具行业内制作的目录分类比较独特，完全是从消费者的心理消费角度，根据企业内主要的办公场所进行产品分类，例如前台使用类、老板办公类、行政办公类等，这就是一个典型的从客户出发的方法。
- 产品特色的展示。产品特色通常包括价格、功能、会员专享权益等；为凸显效果，可以通过变形字体、变换颜色、设计专门的标志，并给出优惠的理由，如截至某个特定的日期之前，价格享受一定的折扣等。
- 在每个页面下方，都要有订购电话，对于本期推出的促销优惠政策，要不断重复体现。

① 内页中间的连页

可以做一个跨页的设计(通版)，与其他版面在颜色上有一定的区别，可以加重一些。在产品上，可体现组合装的产品，如功能加强的组合、不同人群的产品组合等。

② 视野相邻的两页。同时出现在视野中的两页内容，如果是体现多个产品，在布局上要错落有致，比如出现4个产品，可以两大两小的排列方式增加美感。

③ 订购页面。典型的订购页面一般包括：商品列表、数量、价格、规格、支付方式、其他注意事项等。有的目录还标注虚线，以供裁剪，或写明“复印有效”字样，以方便客户使用。

著名时装品牌“法瑞尔”女性服装目录内嵌式订单共分为4面，内容包括表达商品价值的广告语、服装尺码选择说明、订购说明、付款方式、订单表格和一个让收件人推荐其他准客户的回执单。订购方式包括电话订购、函寄订购和传真订购。而且对到货、缺货、退货、换货、本目录有效期等做了说明。付款方式包括信用卡付款、货到现金付款和邮政汇款3种。可接受的信用卡包括VISA卡、万事达卡等。

(4) 封三(倒数第二页)

通常放订购方式、会员承诺、索取目录的电话等信息。当然也可放重点产品的宣传广告或促销活动说明，具体可根据实际情况而定。

(5) 封底

主要放本期次重要的产品以及次重要的活动。如封面内容是主力产品促销，则封底应是“满场积分兑换奖品”等次重要的活动信息。如果企业有形象店或多个店面，也可放相关图片、企业地址、联系电话等信息，以便客户直观地了解企业的现状。

总之，如果把目录当成是纸上商店的话，那么其中的内容编辑工作就好比货架的摆设、商品的归类以及内部的装潢设计及氛围营造。如果企业的目录版面设计亲和，产品比较新、奇、特，市场活动设计新颖，那么直邮目录作为直复式电话营销体系中的分支媒介，完全是大有可为的。事实也证明了这一点，根据最新的国际直邮论坛的统计数据显示，国内4000万个中小企业中直邮认知度达到40%。在长三角、珠三角等经济比较发达的地区直邮发展得比较好，其直邮使用和认知比例更高达60%左右。所以企业一定要充分重视直邮目录的营销作用，不要仅仅把目录当成是罗列产品的清单。不论从单纯的营销媒介角度，还是从辅助营销手段来看，直邮都是不可忽视的一种营销力量。

二、网络快车：电子邮件

除了直邮，在电话营销系统的媒介中，经常与电话相互配合的就是电子邮件了。电子邮件由于其成本低廉、传播快速、针对性强的特点，越发受到营销人士的青睐。但是请千万不要把电子邮件的常规发送、接收当成是电子邮件营销，这只能算是电子邮件的常规功能而已。就好像目录本身的制作一样，电子邮件的营销是一个系统工程，尤其是在企业中的应用。下面重点介绍有关电子邮件营销的内容。

(一) 许可式电子邮件营销与垃圾邮件营销

所谓真正的电子邮件营销是指在用户事先许可的前提下，通过电子邮件的方式向目标用户传递有价值信息的网络营销方法。总的来说，真正的电子邮件营销与群发垃圾式的电子邮件营销最大的区别就在于目标客户的电邮数据库是否为许可，所以也被称为许可式电子邮件营销。目前在国内，有关个人信息保护的法规尚未成熟，所以电子邮件营销尚处于亟待规范的状态，相信随着时间的推移，许可式电邮营销会逐步深入人心。

与许可式电子邮件相反的就是垃圾邮件营销了，中国互联网协会在《中国互联网协会反垃圾邮件规范》中是这样定义“垃圾邮件”的：

- 收件人事先没有提出要求或者同意接收的广告、电子刊物、各种形式的宣传品等宣传性的电子邮件；
- 收件人无法拒收的电子邮件；
- 隐藏发件人身份、地址、标题等信息的电子邮件；
- 含有虚假的信息源、发件人、路由等信息的电子邮件。

造成垃圾邮件现象如此广泛的主要原因，首先是电子邮件群发价格非常低廉；其次，免费资源丰富，网络上有很多类似“网络蜘蛛”的电子邮件群发程序和电子邮件地址库可以免费下载，这些都造成了垃圾邮件的横行。但是，垃圾邮件不能解决邮件地址精确的问题，也不能解决邮件发送之后的结果分析与跟踪统计的问题，如果没有这两个前提，那么直复式电话营销按效果衡量的优势也就无从谈起了。所以，在直复式电话营销系统中，我们所探讨的都是许可式电子邮件营销。

(二) 许可式电子邮件营销的要点

1. 文案的组织与撰写

任何伟大的创意都要通过邮件正文表现出来，企业要向目标客户表达什么内容？重点的诉求是什么？都应该是此步骤中应该重点考虑的内容。通常在企业中应由专门负责市场规划的人员来组织材料，并经过与产品销售及相关部门的讨论，最终制订出初稿。如果需要图文并茂地表现，还需要平面设计人员进行设计。当然，为了验证效果，通常要准备多份文案以供日后的测试。

2. 策略的制订与应用

策略是为了达到邮件营销的目的而采取的一系列营销元素和战术的组合，通常由企业操盘负责人或市场部经理提出，即为了完成特定的绩效所必须采取的措施和方法。通常企业采用电子邮件营销，主要是为了达成以下几个方面的绩效：

- 获取潜在用户或新客户；

- 产品推广/发布促销信息；
- 市场在线调查；
- 会员注册与会员服务；
- 企业品牌传播/建设；
- 活动与会议邀请；
- 维护客户忠诚度。

3. 电子邮件营销的系统功能设计

一份成熟有效的、可供测试的营销电子邮件，在系统的功能设计方面通常要包括以下内容：

(1) 用户注册功能

通过电子邮件营销，企业一定要设法获取潜在客户的信息。如果在邮件的广告或其链接中没有注册的功能，那么即使发了几万封电子邮件，也无法掌握究竟哪些人对企业的产品或服务感兴趣。所以在设计电子邮件的时候，一定要设计用户注册功能。我们经常会收到一些国内二流大学MBA招生的邮件，正文只有一个完整的图片，整图格式较大，会影响打开速度，这种电子邮件由于下载过慢影响打开率，图片上也没有任何吸引人的“免费注册”的活动信息和链接，这样很可能会影响企业获取客户的联系信息。

设计页面时，要在策略上加以配合，也就是要给出一个让客户感兴趣、愿意注册的理由。另外，获取信息的字段不能过多，以不超过3个为佳。其中，“电子邮件”这个字段是必须要填写的，如果无法获取客户的电子邮件，那么就不可能继续发动邮件营销的攻势。另外常见的需要客户留下的注册信息包括“姓名”和“电话号码”，B2B(企业与企业)类型的业务，最好留下办公电话；B2F(企业与家庭)类型的业务最好留下家庭电话，当然留下“手机号码”是最方便的，便于随时随地与目标客户建立联系。

在用户注册以后，后台系统要有相应的数据库支持或确认程序，通常可以先发一封确认链接的邮件到目标客户的邮箱，然后提醒客户在邮件内点击激活身份。只有通过这样的程序，用户的基本字段信息才算是进入了邮件列表数据库。

如果客户长期没有确认激活，将被视为没有合作意向的客户，必须定期清理，不断地更新数据库的质量。如果需要获得客户更多的信息，可以在获得第一步的基本联系信息之后，设计其他的活动或策略，让客户逐步留下更多的属性信息，例如，当客户注册获得免费的英语学习光盘之后，企业可以再设计一个英语口语在线测试水平的活动。如果客户要来参加，就必须留下包括年龄、每月收入等更多详细信息的资料。

(2) 退订功能

既然是许可式电子邮件，那么同样要注意给予用户是否愿意继续促销邮件或电子杂志的权利，一般在邮件正文的下方，系统应设计自动执行退订的程序。用户点击“退订”这个链接时，系统将自动将用户标记为已删除用户，并不再向已删除用户发送任何邮件。

但该用户的数据依然会保留在企业的邮件列表数据库中，以作为日后激活或再次促销之用。退定的功能除了需要包括用户的邮件地址之外，还可以包括一个由系统生成的序列号，该序列号可以防止第三方恶意将该用户退订。

(3) 检测邮件是否送达并反馈的功能

邮件发出以后，需要确定收件人是否真的收到，“发送回执”功能就起到了这样的作用。但免费邮箱的功能有限，不可能应付大批量群发的工作。而衡量电子邮件营销效果的一个重要指标就是送达率，所以系统里必须设置检测邮件送达情况的功能，并且能够对退回邮件的情况做出分析，以采取相应的行动。

根据被退回的原因，邮件退回可以分为硬退信和软退信两种不同情况。一般来说，硬退信所造成的退信是无法改变的，而软退信则可以采取一些办法在一定程度上加以改善。区分退信的不同原因，目的在于采取针对性措施，尽可能提高电子邮件的送达率。为了帮助大家更好地理解，下面简单介绍一下两种退信方式。

① 硬退信是指下列任何情况之一造成的邮件无法送达：

- 在一个域名中并不存在这样的用户，如 nobody@marketingman.net，这个地址并不存在，如果试图向这个邮箱发送邮件，将产生退信。
- 域名不存在，如 feng@foreb.com，由于 foreb.com 这个域名作废了，因此这个邮箱也就不存在了，自然无法继续接收邮件。
- 邮件信息被拒绝。由于邮件内容中含有某些被认为不能发送的程序或其他信息，邮件将无法被发送。

② 软退信是指下列任何情况之一造成的邮件无法送达：

- 由于收件方邮件服务器的原因没有形成反应。这种情形可能是暂时的，也可能会持续一段时间，这期间将形成退信。
- 收件方的电子邮箱空间没有足够容量接收邮件。邮箱空间已满的情况下会形成退信，如果用户对电子邮箱进行清理，删除部分邮件之后，这个邮箱才可能正常使用。

当发生软退信时，通常在反馈的邮件中会出现如下字符：

“Mailbox is full.” (邮箱已满)

“Exceeded storage allocation.” (超出存储分配)

“Retry timeout exceeded.” (重试超时)

系统里应设计保留发生软退信的电子邮件地址，因为过一段时间还要继续使用这些地址。但如果发送过3～5次以后，该邮件地址还是发生软退信的现象，那只能说明该邮箱客户不太关注，或早已不使用，应该马上删除。

(4) 邮件跟踪统计功能

真正意义上的电子邮件营销同直复营销的其他媒介一样，一定是可以反馈结果并进行过程统计的，只有具备这样的功能，才可以说是真正做到了按效果控制。也只有这样，电子邮件营销才可以进行营销投资回报率(ROI)的分析。那么，通常邮件的跟踪统计要具备哪些功能呢？现说明如下。

① 送达率(arrive rate)。邮件发送的总数(通常是数据库中的订户总数)减去接收到的退还邮件数量，就是送达的邮件数量。用该数量除以邮件发送总数，就是送达率。送达率代表了邮件到达用户邮箱的比例，但不代表该用户能打开并看到这封邮件。而且邮件虽然送达，但可能不在收件箱，而是进入了用户的垃圾文件夹。所以在检查送达率时，心里一定要清楚，实际的打开情况一定会比该比例小。

② 打开率(open rate)。不论邮件到达了用户的收件箱还是垃圾箱，只要打开了就视同阅读，所以打开率也被称为阅读率。打开率的定义为：在电子邮件营销活动中，用户打开邮件的数量占整个送达总数的百分比。

通常测试打开率的方法是在HTML邮件版本中，嵌入专门用来跟踪图片的文件，通常为1×1像素大小，不同的邮件用不同名称的图片。当用户打开邮件时，邮件的客户端就会调用位于网站服务器上的图片文件，从服务器的图片调用日志的记录次数就自然能了解到该邮件的打开次数了。

③ 点击率(click-through rate)。点击率是指网站页面上的某一个内容被点击的次数与被显示浏览的次数之比。它可以反映出网页某一内容受关注的程度，常常用来衡量广告的吸引力。形式可以是某个网站地址，也可以是某个图片，但最终直接相关联的都是带有特定跟踪代码的URL链接。

④ 转换率(conversion rate)。针对一个特定的电子邮件营销或促销活动，收件人对活动回应的比率。转换率可以用来衡量企业某一次电子邮件活动的成功程度；企业可以通过转换率对产品销售情况、电话回馈数量、得到的预约机会等指标进行衡量。

⑤ 联署计划。以上的统计指标都是反映电子邮件营销过程的，作为营销人员，还要关心电子邮件营销能否直接完成销售的实际成果，即邮件发出去，是否能直接吸引客户在网络上下订单。答案是：可以。这就是网络联署计划。在实行联署计划的网络推广中，每一次电子邮件的链接中，都给予一个特定的联署计划ID，凡是通过媒体(blog、论坛、其他任何可发布该链接的媒介)发出邮件都被赋予该ID，那么从该媒介发出的电子邮件的销售数字都会被联署计划程序详细记录。由此就能判断各个联署合作媒介的销售效率。

第二节　互动媒介的设定与使用

在没有应用多种媒介展开营销之前，企业一般习惯应用某一种方式进行销售，“销售人员”或“零售店面”就是我们能够拿出的武器。但是，当我们降低店面和人员的重要性，视其重要性等同于一本本商品目录、一份份电子邮件时，就会发现，我们手里可供选择的媒介其实很多很多。

想象如下情境：你在做适合40岁以上中老年人保健品的生意，当你的手上拿到了一批潜在客户名单，名单中包括办公电话、手机、电子邮件、联系地址等字段，请问你第一步应该做什么？是打电话、发邮件还是邮寄目录？

在合适的客户发展阶段，选择合适的媒介与目标客户进行沟通，这就是我们所要讨论的"切入"的含义。摆脱传统的使用单一媒介进行营销的习惯，而使用多种媒介互动进行"切入"营销，才能收到更好的营销效果。此时，主要应该考虑如下因素：

一、媒介的使用是否适合目标客户

以上面我们提出的将保健品卖给40岁以上中老年人的情境为例，作为营销操盘手，你面临的问题就是40岁以上的人使用哪些媒介进行接触是比较合适的。显然，利用电子邮件使客户快速进入"attention"阶段不是一个明智的选择，这个年龄的人习惯每天上网的本来就不多，而且他们普遍对新生事物的接受程度较差，重视体验多于广告的宣传，即他们很难因为看到某一封邮件而产生实际的付款行为。那利用电话怎么样呢？办公电话比手机相对效果好一些，但总的来说，还是通话时间较短，无法使客户产生实际的购买行动。所以，比较好的方式就是先利用商品目录或传统的具备公信力的媒体(如带有400或800咨询电话的报纸广告)将信息发布给目标客户，让目标客户先进行了解；然后再接受客户的咨询或打电话跟进，这样的效果往往会比单独进行陌生电话拜访更加有效。

二、使用媒体订单识别技术改进传统媒体

报纸、电视是传统媒体的代表，从更严格的意义上来说，都是单向型传播媒介的代表。一直以来，人们习惯在具有公信力的媒体上做品牌型的广告，但具体的效果却无从衡量。但是，当使用了订单识别技术之后，传统的媒体也能转变为互动沟通、可以在直复营销体系中应用的媒介。如增加不同的400订购号码，便可以识别来源于不同报纸的订单。这里所说的400号码就是应用了目前在直复营销中广泛使用的泛媒体订单识别技术。

那么，什么是泛媒体呢？媒体是英文Media的音译，Media直译就是介质的意思。也就是说，所有能发布信息，让人看到、听到的信息载体，我们统统都可以称其为媒体。除传统的电视、报纸、杂志、广播以外，网络、手机、楼宇、电梯、短信、社区、卖场、电影院、公交、户外、博客、播客等一切能看见的东西都可以成为媒体，这些被统称为新媒体或者新兴媒体，都可以纳入到泛媒体的范畴之内。

所谓泛媒体订单识别技术，简单地说，就是通过在各种媒体广告上赋予特殊的识别特征信号来监测该媒体广告最后产生的订单情况；这个识别信号会在消费者订购产品的

过程中自动地(无法避开)、自然地(消费者无任何察觉)伴随整个订购过程并得到使用；通过后台对每个订单的识别信号的解码判读，从而精确地识别出订单的媒体来源。

国内的保健品巨头益生康健就是在保健品行业中使用订单识别系统的典型成功代表。假如今天有1000个订单订购益生康健的保健品，那么使用泛媒体订单识别系统可以使企业自动地、精确地、无须借助客服人员就能知道：

- 哪些订单是客户看了《京华时报》上的广告打来电话订购的？
- 哪些订单是客户看了《南方都市报》上的广告后上网订购的？
- 哪些订单是客户在新浪网上看到广告并且在线订购的？
- 哪些订单是客户阅读了企业或营销人员个人博客里的文章后订购的？
- 哪些订单是客户看了青海卫视的电视购物节目订购的？

在整个系统中，用于分辨订单来源的媒介识别信号成为关键。目前市场上实际应用的信号类别有如下几种：电话号码识别、促销号码识别、会员卡号码识别、影子网站识别、短信号码识别、POS账号识别，另外，还包括射频识别、语音识别等。

通过以上类别的识别信号，企业自然地在广告信息中植入识别特征码，并且巧妙集成订购流程，使得媒体广告投放后的订单来源识别成为现实。

三、媒介使用的投资回报率

直复式电话营销操盘人的核心工作就是让电话营销项目的投资回报率最大化。投资回报率在财务上有专门的指标ROI，ROI=净利润/成本，而净利润=销售毛利－投入成本或费用(包括相关的运营成本)，实质就是如何使投入与产出最优化。

在媒介成本的应用上，特别是涉及多种媒介的应用上，衡量其投资回报率的工作就更为重要了。原则上尽量利用低成本媒介，如电子邮件或短信，靠测试确定是否再用高成本的媒介，如直邮目录进行配合。核算的主要指标为该媒介的“打击率”，即媒介发布之后吸引的客户数量，包括咨询客户数量与直接订单的数量等；而产出的部分主要以客户指标为核心，包括客户数量、平均的订购量以及订购的频率等。

表4-1为某企业的直邮媒介使用的投资回报率测算表，经过一个月的主要指标的绩效数字测算，该项目的ROI为17.88%，说明该项目的运营经过测试是可以赢利的。

表4-1　投资回报率测算表

	A	B
	运营指标	月度绩效
1	收入	6 004 800
2	毛利率	13.00%
3	毛利	780 624
4		

（续表）

	A	B
	运营指标	月度绩效
5	针对新客户	
6	目录发行量	25 000
7	目录打击率	4%
8	目录获得客户数量	1000
9		
10	针对已成交客户	
11	目录发行量	20 000
12	目录打击率	22%
13	目录获得客户数量	4400
14		
15	总客户数量	5400
16	平均交易次数	2
17	平均订单金额	556
18	总收入	6 004 800
19		
20	成本费用	
21	目录发行总数量	45 000
22	每本目录成本	8
23	目录总成本	360 000
24	计划促销费用	2500
25	外购数据库成本	2000
26	成本费用总计	362 000
27		
28	运营成本占销售额百分比	5%
29	总运营成本	300 240
30		
31	净毛利	118 384
32	ROI=净毛利/总成本	17.88%

以下是表中部分关键运营指标的计算公式：

总收入B_{18}=总客户数量B_{15}×平均交易次数B_{16}×平均订单金额B_{17}=收入B_1

净毛利B_{31}=毛利B_3－成本费用总计B_{26}－总运营成本B_{29}

ROI B_{32}=B_{31}/(B_{26}+B_{29})

上表为企业单独利用目录直邮进行的测算，实际上，在多媒介的组合中，直邮件应与电话、电子邮件组合起来使用，并进行组合测试，以不断提高ROI水平。

四、客户的信任程度

在刚接触客户，还没有与客户建立起信任的时候，应尽量选用一些公信力强的媒介，传统的报纸、电视、杂志就是容易被大众接受的媒体类型，但缺点是成本高，而且投放的风险大。

在维护老客户阶段，由于彼此已经非常熟悉，完全可以应用一些低成本的媒介进行交流，例如电子邮件和短信发送。在使用这些低成本媒介时，一定要注意电邮标题或短信号码的设置，最好是带上商家的名称，以便让客户一眼就看出是自己熟悉的品牌。

第五章

电话营销基本沟通技巧

第一节　电话营销人员基本能力测试

电话营销是典型的口头交流形式，双方在看不见彼此相貌的情况下，完全靠声音进行交流。所以一般企业在招聘或录用电话营销代表前，都会进行必要的沟通能力测试，具体形式如下。

一、沟通能力测试

在面试时，企业通常会使用图形游戏来测试应聘人员各方面的能力水平。例如，在考查候选人是否具备足够的沟通技能时，通常的做法是：

(1) 画一个线条比较复杂的图形，如图5-1所示。

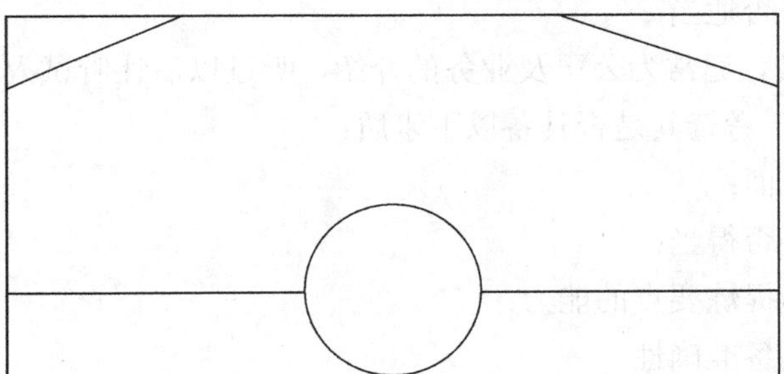

图5-1　考查应聘人员沟通能力的图形

(2) 让两位候选者合作画出这个图形，一个人负责描述，一个人负责听并画出图形。两人之间用木板隔开，图形只能让负责描述的人看见，而不能让负责听并画图的人看见。

(3) 限定时间，规定应聘者必须在固定的时间(如10分钟)内画出来。

(4) 画好以后，先不要让应聘者知道正确的答案。不论合作结果如何，让应聘者自评和互评一下在沟通方面的表现，然后再公布正确答案，如果有误差，请他们自己分析原因。

这个游戏虽然操作简单，但其中贯穿了沟通中最重要的要素，并且效果明显。对于负责描述的人而言，可以考查其语言的逻辑性、准确性，是否容易被人理解等；对于听的人而言，可以考查其是否具备良好的倾听能力，是否能够快速、准确地理解，是否具备优良的反馈和确认习惯。

二、听试

通过一系列有针对性的提问，测试营销人员是否具备了应有的素质，常见的考查应聘者素质的问题描述如下。

(1) 请听试人员用普通话描述之前的工作经历，通过回答考查其是否具备以下素质：

① 语音、语速与语调是否正常；

② 普通话标准程度；

③ 说话是否具备逻辑性，是否简洁；

④ 有无不良的口语习惯；

⑤ 是否具备亲和力；

⑥ 所使用的词汇量和表达方式是否适当；

⑦ 所用时间是否适当。

(2) 放一段录音，通常为公司及业务的介绍，听过以后让听试人员根据刚才听到的录音概括复述一遍，考查其是否具备以下素质：

① 表达是否全面；

② 叙述次序是否得当；

③ 概括能力和提炼要点的能力；

④ 表达是否具备准确性。

(3) 设置一个激怒听试者的情景，测试听试者被激怒后的反应，考查其是否具备以下素质(请注意，测试结束以后应解释原因并致以歉意)：

① 控制情绪的能力；

② 遇事时的应变能力；

③ 对人、事的主导能力。

第二节　增加声音的感染力

在电话营销的过程中，准客户往往是凭自己所听到的声音及所接收的信息来判断是否喜欢这个电话营销人员，是否能够信赖这个人，并决定是否继续通话，所以增强电话营销人员声音的感染力是非常重要的。

电话营销人员在通话时要注意以下几个方面。

一、语速

不要太快或太慢。由于工作原因，大多数电话营销人员说话的速度都偏快，语速太快容易造成客户听不清楚。电话营销人员要具备控制语速的能力，一般情况下，语速保持在120～140字/分钟比较合适。当然，如果能够根据客户的语速而调整自己的语速，这样效果可能会更好。通常情况下营销人员的语速应该比客户稍慢一些，这样才能与客户保持良好的沟通。

二、语音

电话营销人员发音要标准，吐字要清晰，能够让客户在电话中听得清自己所说的话。应该注意：通话过程中有没有一些杂音或含糊不清的声音；有没有使用方言或口语的习惯，普通话是否流利；发音时有无平仄、平卷舌音不分等情况。最好的说话方式是一个字一个词地弹出来。一般来说，发音有12～20个音阶，但有些人可能受到先天或所处环境的影响，只能发出5～7个音阶，发声不够悦耳，这就需要通过训练加以克服。电话营销人员常用的语音训练方法如下。

1. 呼吸

总体要求是运用丹田呼吸，常用的训练方法如下。

(1) 闻花香：想象自己的面前放了一盆花，深深地吸进香气，控制一会儿后缓缓呼出。

(2) 吹蜡烛：深吸一口气后，均匀缓慢地吹，达到25～30秒为合格。

(3) 数数：从1数到10，不断循环，尽可能地多数，要数得清晰、响亮。

(4) 用绕口令的方式练习气息。

2. 训练声带

通过吊嗓子的方法训练声带，方法比较简单，和唱京剧一样，首先吸足一口气，身体放松，张开或闭合嘴巴，从最低音向最高音发出“啊”或“咦”等连续的声音，还可以做高低音连续变化起伏的练习。

3. 共鸣

总体的要求是应用共鸣的方法训练喉部、咽喉、口部、鼻、胸等多种器官，常用的训练方法如下。

(1) 放松喉头，用“哼”音唱歌。

(2) 学牛叫，发出打电话时常用的“嗯”的声音。

(3) 牙关大开合，同时发出“啊”的声音。

(4) 做扩胸运动，同时尽量发出高亢或低沉的声音。

4. 吐字

总体要求加强正音练习，常用的训练方法如下。

(1) 选择一些字、词进行对比练习和组词练习，以读准其声母，并辨音记词。

(2) 选择一些绕口令，分清平卷舌音，由慢到快反复练习。

5. 读句

总体要求是快速阅读。常用的方法是选用一些与电话营销业务有关的材料或电话营销话术脚本进行快速阅读，力求消除习惯性口语。

三、语气

语气是电话营销人员内心态度的外在表现，电话营销人员的语气要求为：平和中有激情，耐心中有爱心，不能将不耐烦的情绪透过语气表现出来。在和客户沟通时应不卑不亢，不要让客户觉得你在求他；也不要让客户感觉你盛气凌人。

四、语调

首先语调中要传递出热情，电话营销人员要时刻保持着最佳的精神状态，客户虽然看不到，但可以感受得到。电话营销人员可以通过镜子以及其他方式提醒自己时刻保持微笑、热情的状态；其次，表现热情要适度，电话营销人员对于不太熟悉的客户，不要在电话中显得太过热情，这样反而容易让人产生戒备心；最后，不要怪腔怪调，要自然，一定要做到抑扬顿挫，语调要有高、中、低之分，富于变化，不要太机械化。有些电话营销人员老是用一种语调跟所有客户讲话，好像是录音机播放的一样，缺少变化，因而使自己的语言也缺少生气。

既然电话营销是一门声音的艺术，那电话营销人员就不得不下点工夫好好修炼一下自己说话的能力。

五、节奏

掌握说话的节奏，即什么时候听，什么时候继续说，让客户有机会参与到谈话中来，而且感觉和你沟通非常舒服。在电话营销过程中，恰如其分地掌握沟通的节奏是非常重要的。大多数电话营销人员都会犯一个毛病：只顾自己说，说完了就挂机。而高明的电话营销人员可以做到根据客户的语言节奏来调整自己的节奏。在通话时语速方面不要太快或太慢，一般保持在120～140字/分钟比较合适。在配合客户的节奏方面，营销人员要做到认真倾听，听完再说，不抢话，根据客户的语速调整好自身语速的同时要注意停顿，停顿的频率一般是每说两句话就停顿一两秒钟较好，从而使整个谈话过程非常愉快、默契。

六、音量

在电话沟通过程中音量不宜过大，要适中。电话营销人员一般都在室内工作，如果音量过大，难免会影响周围同事的工作。如果遇到客户无法听清楚的情况，可另约时间联系。

音量的高低调节比较困难，很多时候是由电话营销人员的声带决定的。正确的调节方法是：保持良好的坐姿，尽可能使自己舒适；呼吸平稳，头不要抬得太高或压得过低；尽量使发出的自然音落在音高的中间段，根据表达的内容，适当地升高或降低。

另外，音量大小还要根据客户的具体情况相应调整：对待内向、斯文的客户，小声、清楚是最有效的；对待外向、豪爽的客户，大声、热情、高音调更具有影响力；对粗暴无礼的客户，讲话要大声；对自大、自夸的客户，讲话要平稳、圆滑，这样才能讨得客户的欢心。

七、热情

成功学大师拿破仑·希尔花了25年的时间，分析和研究了全世界500名各行业的顶尖人物成功的原因，最后归纳出17条成功定律，其中热情排在首位，可见保持热情的重要性。热情一定是由内而外自然流露的，只有那些从心里热爱自己工作的人，才会真正全身心地投入工作中，同样作为电话营销人员，如果没有一种发自内心的对自己工作的热爱，那么即使营销技巧和方法掌握得再好，也无法成为优秀的营销人员。

八、带笑的声音

俗话说“伸手不打笑脸人”、“相逢一笑泯恩仇”，可见，笑的威力有多大。但是上面这两种情境是面对面才发生的，在电话里，对方看不到营销人员的笑脸，那怎么办呢？这个时候如果电话营销人员在给客户打电话时笑出声来，在声音中加入笑容，这是一招很有杀伤力的电话营销技巧，因为每个人都愿意追求美和快乐，笑声则传达了一名电话营销人员的快乐，而客户当然愿意和快乐的人交谈。

九、简洁

在当今这个讲究效率和速度的年代，时间对于每个人来说都是很重要的，当客户接到我们的电话时，一定是希望在最短的时间里明白我们在表达什么；另一方面，对于电话营销的从业人员来说，如果其所在公司规定了每个营销人员每天要完成拨打100个电话的工作任务，那么，这时营销人员的语言表达就必须简洁。要做到这一点有一个小窍门，那就是每次打电话之前，将自己要表达的核心内容写一个提纲，然后在打电话时按照这个提纲的内容逐项介绍，简单明了；否则营销人员可能就会想起什么说什么，让对方觉得你的思路不清楚，说话啰嗦，而拒绝继续通话。

十、注入情感

语言如果用心表达出来，对方一定会感受到。电话营销人员一定要抱着给客户带来价值的使命感与客户沟通，而不仅仅是单纯地把产品卖出去、把钱收回来。许多电话营销人员在工作中舍本求末，一味地钻研电话营销的方法和技巧，却忘了个人综合素质的修炼。一个急功近利的人，即使技巧用得再熟练，最终也只不过是一个推销“机器”。只有发自内心地喜欢自己的工作、关心自己的客户，电话营销人员说出的每一句话才能饱含情感，才能从内心深处感动客户。

第三节　如何建立融洽的关系

一、客户关系的层次

(一) 关系层次简介

营销人员在与客户接触的过程中，随着时间的增加，相互之间也会有所了解。通常营销人员与客户的关系与一般朋友间的关系层次有相似之处：

1. 工作或业务关系

营销人员与客户接触时只进行业务上的交流，如向客户销售企业产品或服务。

2. 进行非正式接触

能与客户进行除工作以外的非正式接触，如以孩子、运动、新闻等作为话题，即通常所说的寒暄问候。

3. 保持融洽的关系

与客户保持友好的关系，如节假日可以相互问候，并且能通过客户介绍认识他的亲戚、朋友等，与他们也能建立或保持融洽的关系。

4. 建立社交关系

通过举行晚会、郊游或联欢会等方式加强与客户的沟通。包括邀请客户参加公司或营销人员个人组织的聚会，或拜访客户。

5. 建立个人之间的友谊

与客户成为朋友，经常见面或保持电话沟通，在交流过程中可能会谈及个人的隐私。

6. 建立密切的个人之间的友谊

其友谊的坚固性往往可通过某位朋友为了营销人员业务目标的顺利达成所给予的支持与帮助，甚至帮助营销人员推进工作。

(二) 电话营销人员与客户的关系

由于受电话营销工作的形式所限(基本都在室内)，电话营销人员能和客户在电话沟通中达到第三层次已经实属不易，通常与客户关系融洽的标志性表现就是：无论什么时候客户都愿意接听营销人员的电话，愿意花时间与营销人员沟通，并且可以告之营销人员自己真实的情况和想法，并可以为营销人员推荐其他的客户。无论使用什么方法，只要能达到这些标准，就说明电话营销人员已经和客户建立了比较信任的关系了。

二、客户的性格特点及应对策略

在沟通中如何与客户不断地建立并推进融洽的关系呢？这就需要电话营销人员了解不同性格类型客户的特点及沟通应对策略。客户的性格大致可分成以下4种类型。

(一) 权威型客户

1. 权威型客户的特征

权威型客户通常在企业里身居高位，一般是决策层的角色。权威型客户的性格特征是：做事讲效率，时间观念强，而且做事非常理性，对他人的要求严格。

2. 权威型客户的表现形式

在电话沟通中，权威型客户主要表现为：讲话速度比较快，音量高，音调变化不大，会对自己有疑问的方面进行提问甚至质问。这种类型的客户的心理需求是主观性较强，喜欢控制，追求工作效率，喜欢自己拿主意。

3. 权威型客户的应对策略

权威型客户的应对策略是：电话营销人员应该直截了当，开场白尽量简短，随时做好成交的准备，说话速度要尽可能跟上客户的速度，语言简洁，展现专业素质，切忌粗糙马虎。

(二) 活泼型客户

1. 活泼型客户的特征

活泼型客户通常性格外向，热情活泼，善于交际。活泼型客户的性格特征是：凭感觉做决策，沟通能力强，不太注意细节，喜欢有创意的事物，而且非常在意对方是否尊重自己，希望在比较舒适友好的氛围中进行交流。

2. 活泼型客户的表现形式

在电话沟通中，活泼型客户的主要表现是：音量高，音调变化大，说话快，表现非常热情友好，反应速度快，比较健谈，会主动提出自己的看法。这种类型的客户的心理需求是看重关系，追求能被其他人认可，希望能够吸引他人，不太喜欢重复枯燥的事情。

3. 活泼型客户的应对策略

活泼型客户的应对策略是：电话营销人员应该要多倾听、多赞美，看重和客户的关系，不要与其争论和协商细节，要设计有趣的开场白，给他们表现的空间，不要催促讨论，行动要迅速。

(三) 和平型客户

1. 和平型客户的特征

和平型客户通常性格温顺、平和，是典型的老好人。这类客户比较少，如果电话营销人员在通话时遇见了这种类型的客户一定要好好把握，抓紧营销机会。这类客户一般会着重考虑两方面的问题：一是价格，他们担心买贵了；二是质量，他们害怕质量没有保证。和平型客户的性格特征是：任何事情都不喜欢自己做决定，比较迟疑不决，不急躁，做事情按部就班，是比较好的倾听者。

2. 和平型客户的表现形式

在电话沟通中，和平型客户的主要表现是：讲话速度不快，音量也不大，音调会有些变化，反应速度不快。这种类型的客户的心理需求是不喜欢冒险，做事追求稳妥，希望有安全感。

3. 和平型客户的应对策略

和平型客户的应对策略是：电话营销人员要多花时间与他们建立信任关系，努力帮助他们尽快做决定。在语速方面要尽量放慢，音量别太高，不可过于热情，要多给客户思考的时间，要多次跟进，而且要非常有耐心。在沟通时如果遇到客户拒绝或不相信，应该多引用成功案例、专家的评价等来说服，以强调产品或服务的安全性、性能好、质量优。

(四) 分析型客户

1. 分析型客户的特征

分析型客户通常考虑问题非常周密，思维缜密严谨，不容易相信别人，比较挑剔，这类客户在经济发达的城市会比较多，刚接触的时候会比较难缠。但这类客户有个显著的特点，即一旦成为企业的客户，就会非常忠诚，不会轻易更换供应商。分析型客户的性格特征是：善于分析，要求详细周全，不容易接受新事物，对不了解的事物经常持怀疑态度，不会主动表达自己的看法，让人难以理解，希望营销人员主动讲出自己心里的话。

2. 分析型客户的表现形式

在电话沟通中，分析型客户的主要表现是：讲话速度不快，音量也不大，音调没有太大起伏，反应速度不快。有时候会针对异议毫不客气地提出批评，不会轻易表达自己的态度。另外，这类客户做决策很慢，需要4～6次电话沟通的接触。这种类型的客户的心理需求是喜欢用事实说话，说话有逻辑性，比较准确有条理，看重自己的名誉，不希望与部门或相关领导发生冲突。

3. 分析型客户的应对策略

分析型客户的应对策略是：电话营销人员要多花时间准备详细的资料，数据、资料越细致越好，以免被客户问倒。与这类客户交流，在语气上要表示敬重，要耐心友好，避免夸大其词或过于热情，应该及时赞美客户，肯定他的能力，要注意次序，富有计划性。

第四节　表达同理心的技巧

同理心是指在人际交往过程中，能够体会他人的情绪和想法，理解他人的立场和感受，并站在他人的角度思考和处理问题。简单地说，同理心即站在对方立场思考的一种方式。同理心通俗的说法就是换位思考，孔子曰“己所不欲，勿施于人”，说的就是同理心的道理。

沟通时，只有拥有同理心，双方的亲密关系才能够得以建立，因此当我们要对他人表达同理心时，必须以“理解”为核心，拒绝“同情”，并且要抛开对他人的成见与判断，在理解他人的过程中，拒绝速成的答案。表达同理心通常有如下几个步骤。

第一步：使用开放式的问句

使用开放式的问句意欲让对话可以持续，不让谈话只停留在0与1、黑与白、对与错的二元选项，让对方感受到被尊重，客户只有在感受到被尊重时才会进一步与营销人员沟通，听取营销人员给出的建议。在电话销售中，通常以“怎么样”、“什么”、“为什么”等问题向客户提问。

第二步：理解和认同客户的说法

不管客户提出什么反对意见，甚至不合理的要求，营销人员都不要立刻辩解，也不要直接反驳，而是要学会认同客户的说法，常见的认同语包括“那没关系”、“您说得很有道理”、“您这个问题问得很好”；同时要以同理心表示理解客户的感受，如“××先生/小姐，我非常理解您现在的感受，如果是我，我也会这么想的”，并进一步陈述并解释你认为他/她需要的理由。在此沟通步骤中，要注意放慢语言的速度与节奏，给客户也是给自己整理思绪的余地，同时也能让自己更准确地理解对方。

第三步：提问确认是对于正在讨论问题的反馈，推动事件进展

在与客户进行沟通时，要注意停顿，不能以句号结尾，要养成以提问结尾的习惯，并且每次沟通之后必须要确认客户是否已经了解之前陈述的事实，所以常用的提问方式包括“您感觉怎么样？”“您认为呢？”“您这样讲一定有您的理由，具体是什么原因呢？”等等，用提问推动事件的进展。

第五节　基础沟通三要素

沟通的三要素包括：听、说、问。具体内容表述如下：

一、倾听的技巧

听是在对话中所占比重最大的部分。根据权威销售研究机构对2000例销售谈话的调查发现，顶尖的营销人员通常花60%～70%的时间在倾听上。为什么倾听如此重要呢？因为了解对方的问题所在和真正的需求是营销成功的前提。想让客户说出你想知道的答案，只要做一个好的听众就可以了。而从客户的角度而言，你的倾听对他来说不仅仅是礼貌，更是一种尊重；倾听使客户有了倾诉和发泄不满的渠道，让客户感到安全和舒适，没有压力地说出他的快乐、苦恼以及最关注的问题等。那么，在倾听的过程中，营销人员到底应该听什么呢？

（一）倾听的重点

1. 问题点

笔者曾经在培训中问过业务人员这样一个问题：“营销人员是做什么的？”有的人说是把产品卖给客户，有的人说是为客户提供解决方案，还有人说是为客户服务。不论是什么答案，营销之所以成功，归根结底，是因为产品或服务可以帮助客户解决问题。在实际的销售对话中，问题会有很多种，真假难辨，无法预料。而营销人员的任务就是要听出真正的问题所在，而且是最重要、最令客户头疼的问题。有些问题客户自己没有意识到或者不想说，这就需求营销人员耐心倾听，并配合提问来引导。

2. 兴奋点

客户的购买行为一般出于两个目的：逃离痛苦和追求快乐。问题点就是让客户感到痛苦的“痛点”；兴奋点就是让客户感觉快乐的理由。而营销工作就是帮助客户解决痛苦，同时又能让客户感觉快乐。典型的营销流程通常是先让客户思考他所面临的问题的严重性，然后再展望解决问题后的快乐感与满足感，而销售的产品正是解决难题、收获快乐的最佳载体与方案。听兴奋点，关键是听容易让客户敏感的条件。

3. 情绪性字眼

当客户感觉到困扰或兴奋时，通常在对话中会通过一些字、词表现出来，如“太好了”、“真棒”、“怎么可能”、“非常不满意”等，这些字眼都表现了客户的潜意识导向，表明了他们的深层看法，我们在倾听时要格外注意。一般而言，在成交的那一刻，客户做决定总是感性的，所以每当客户在对话中流露出有利于成交的信号时，要抓住机会，及时促成交易。

4. 敏感条件

价格、优惠、折扣、送货、保障、维修、售后服务、各种形式的购买承诺等。

(二) 倾听的技巧

如何倾听呢？首先需要说明的是，倾听不仅仅是听的问题，而是需要运用多重感官的综合行为。不仅耳朵要听，同时手也要动笔记录，并且要利用过渡语言(如是吗、还有呢等)、点头、微笑、眼神控制、沉默与停顿等表现出对客户的关注。有效的倾听技巧包括：

1. 不要打断客户的讲话

打断对方讲话是在交谈中普遍存在的一个问题。这是很不利于沟通的做法。打断对方的讲话意味着对其观点的轻视，或者表明你没有耐心听他讲话。

只有当需要对方就某一点进行澄清时，才可以打断对方。例如，当营销人员听到对方做自我介绍时，如果对方的名字听起来很拗口，这时便可以询问具体是哪几个字。同时，为了减少因打断他人讲话可能造成的负面影响，最好用“请原谅”作为开端。

2. 不要让自己的思绪偏离

影响有效倾听的另一个普遍性问题是思绪发生偏离。因为大多数人听话的接收速度通常是讲话速度的4倍。例如我们经常会看到这样一种现象：一个人一句话还未说完，但听者已经明白他讲话的意思。因此，这种情况就容易导致营销人员在倾听潜在客户讲话时思绪产生偏离。

营销人员应该利用这些与客户沟通时的剩余时间来组织自己接下来的语言以获取更多有用的信息，并认真思考以正确地理解对方讲话的主旨。在这方面，营销人员必须做的事情是要克制自己，避免精神涣散，比如，待在一间很热或很冷的房间里，或坐在一把不舒服的椅子上，这些因素都不应成为分散倾听注意力的原因。即使潜在客户讲话的语言、腔调有可能转移你的注意力，营销人员也应该努力抵制这些因素的干扰，集中精力听，专注其中的内容。做到这一点甚至比使分散的思绪重新集中起来更困难。从这个意义上讲，听人讲话不是一项简单的工作，它需要很强的自我约束能力。

此外，过于情绪化也是导致思绪涣散的原因，例如，在潜在客户表示疑问或成交失败的时候，营销人员可能会因为挫折感而无法继续倾听，这时就要求营销人员稳定心神，集中精力，认真听取客户的疑问并配合提问的方式了解产生疑问和不满的原因，设法解决问题，达成交易。

3. 不要假装注意

常常有这种情况，当营销人员并未真正注意听时，为了迎合对方却假装附和，口头上讲一些表示积极应和的话，比如“我明白”、“真有趣”、“是的，是的”，这些回答如果是真正发自内心的，它们可以表明你的确是在认真地听潜在客户讲话；不过如果你拿它们作为演戏的道具，那么等于告诉潜在客户你并不在意他的话，不尊重他。这样，客户可能就会对电话营销人员失去信任，从而失去销售机会。

4. 听话要听音

一些电话营销人员听话很认真，甚至做记录，但他们往往只注意表面现象，而忽略了大量内在的东西。事实上在人际交往活动中，几乎所有的沟通都是建立在非言语表达的基础之上的，那种忙于做记录的推销员可能会因此错过许多重要的信息。将一些关键的话或技术性信息写下来是对的，但你的注意力应更集中在对方的语气、语调和话语中的内涵上，从而捕捉丰富、准确的信息，听出客户的弦外之音，而不应集中在孤立的语句上。

5. 理解客户的真实意图

很多情况下，营销人员无法真正理解客户话中的含义，导致错失销售机会，下面例举几种方法供电话营销人员参考。

(1) 在客户说完以后，营销人员可根据自己的理解重新表述一下，让客户检查正误。

(2) 当营销人员不同意客户的观点，但客户的态度又比较坚持甚至强硬时，营销人员需要格外认真地听客户讲话。在客户的言语中找到其质疑的关键点，对其关注的问题进行解释，说服客户。

(3) 有时营销人员因为在与客户沟通时特别顺利而感到兴奋不已，这时，营销人员要提醒自己是否由于在理解上出现偏差而导致交易双方存在误解，营销人员可采用重复客户讲话、多次解释企业产品或服务特点等方式，确保双方正确理解。

(4) 如果营销人员对客户所说的某些内容感到厌烦，这时依然要注意倾听，不要错过客户要表达的重点内容。

(5) 如果客户讲话的内容是重复的，是营销人员以前听过的信息，营销人员仍然要继续认真地听下去，重复的信息也许是客户想重点提及或无意识透露出的，代表客户重视的问题或想要得到的商品和服务。

以上例举了一些倾听的技巧，具体的方式还需营销人员在工作中灵活运用。

二、介绍和说明的技巧

销售中的“说”根据销售形式的不同可分为当众演讲、演示说明和面谈陈述三种，前两种主要依靠专业的演示技能与相关人员、部门配合，而第三种是目前应用最为广泛的一种营销说明形式。简单地说，销售就是用完整的一段话向客户介绍自己、介绍自己的产品，配合专业形象、产品展示、引导提问与客户达成交易。销售说明主要应用在如下几个方面。

(一) 方案建议

客户愿意花时间与营销人员交谈，一定是希望营销人员能给出建议和具体的指导。营销人员刚进入公司时，都需要对公司、产品和方案内容进行了解并经过系统的培训，在实际的营销活动中，还要解决的问题是为营销人员建立一个讲解建议的思路流程。一般的建议和方案说明流程是按现状概括、原因诊断、聚焦剖析、解决方案来进行的。那么，每个阶段具体如何说明呢？

(1) 在现状概括部分，最好的说明方式就是和客户保持一致，重复客户的原话，如“正如您刚才谈到的……”进行概括总结，而且要条理化，如按“第一，……第二，……第三，……”的句型说明。

(2) 在原因诊断方面，营销人员应该展现出个人的专业或权威，通常可用“××权威机构调查表明”或“根据我的个人经验而言，这种现象的产生主要是由于……”等句型。

(3) 在聚焦剖析阶段，应将问题分类、深化，最后总结症状，例如“总之，您目前面临的最大问题是如何在短期内改善销售业绩不佳……”等句型。

(4) 在解决方案阶段，对于竞争对手较多的产品，可利用比较说明的方法(富兰克林比较法)来强调自身的优势。

企业客户关心的无非是你的产品能否给他提高收入、降低成本或提高效率，如果营销人员能够进一步利用产品的特征和优势说明如何让客户的利益得到满足，获得订单的概率就会大增。

(二) 异议处理

在销售对话中，客户的异议与营销人员的异议处理是一个相互的过程。对于异议的解决和说明方式也是营销人员关心的话题，总的来说，对于异议处理部分的说明，大致分为如下几个部分：

1. 认同客户

不论客户说了什么话，营销人员都要首先认同他的观点，所以，处理异议的第一步就是要学会认同，常用的说明语包括“那很好”、“那没关系”、“您说得很有道理”、“您这个问题提得很好”等。

2. 忽视异议，延后处理的说明

客户的异议有真正的异议，也有借口性的异议。客户有时不过是为了炫耀自己的学

识，对付这类客户，通常可以采用忽视的方法。所谓忽视，顾名思义，就是当客户提出一些反对意见，但并不是真的想要获得解决，并且这些意见和眼前的交易没有直接的关系时，营销人员只要表示认同与赞美即可。如“您真幽默！”“嗯，真是高见！”或“这个问题我们以后再谈，是这样的……”等等。

(三) 补偿说明

当客户提出具有事实依据的异议时，营销人员应该承认并欣然接受，而不应该否认事实。可以赞成、感谢的方式给客户一些补偿，让他取得心理上的平衡。如客户：“这件皮大衣的设计、颜色都非常棒，令人耳目一新，可惜皮子的品质不是顶好的。”营销人员：“您真的是好眼力，这个皮料的确不是最好的，若选用最好的皮料，价格恐怕比现在高五成以上。”要知道，现实世界中没有一样十全十美的产品，对于客户而言，当然要求产品的优点越多越好，但真正影响客户购买与否的关键因素其实不多，补偿法的作用在于能有效地弥补产品本身的弱点。

补偿法的运用范围非常广泛，例如“艾维士”公司有一句有名的广告语：“我们是第二位，因此我们更努力！”这也是一种补偿说明的方法。

(四) 借力使力说明

这种方法取自太极拳中的借力使力。借力使力法在营销工作上的基本做法是当客户提出某些不购买的异议时，营销人员能立即将客户的反对意见直接转换成为什么他必须购买的理由。如客户：“贵企业把太多的钱花在广告上，为什么不把钱省下来，作为进货的折扣，让我们经销商的利润多一些？”营销人员：“就是因为我们投入了大量的广告费用，客户才会被吸引到指定地点购买指定品牌，这不但能节省您销售的时间，同时还能顺便销售其他的产品，您的总利润还是最大的吧！”

(五) 价值成本说明

咨询公司的顾问准备到一家公司签署协议，总经理抱怨道：“你们公司派三个顾问替我们改善库存及采购系统，两个月的时间就需要100万元的费用，相当于一个月差不多每人20万元了，这么多钱我都可以……可以请好几个厂长了。”他认为价格很高，提出了反对意见。

顾问想了想回答：“报告总经理，根据贵企业提供的每个月的库存，其金额为6000万元，由于生产数量逐年增长，库存的金额也在逐渐地上升。我们的顾问只花费了两个星期对贵厂的采购作业流程、生产的流程、现场生产作业的所有状况做了详细了解，并制订了改善方案，贵公司在半年以后库存金额会下降到3000万，您的利息每年可以下降300万，您节省的费用便足以支付我们的顾问费用了。”

总经理说：“话虽不错，你怎么能保证将库存降到3000万呢？”

顾问说："要做到降低库存，采购作业方式就要改善，交货期、交货品质、生产作业方式等也要调整更改，库存金额的降低只是最后显现的一种结果。因此您只要同意签下这份合同，您每个星期都会收到一份报告，报告上会告诉您我们本星期会完成哪些事项，以及我们上星期完成的状况，这样您可以监视我们的绩效，我们会让您清楚地看出您投入的每一分钱都能够确实地得到回报，若您认为不值得，完全可以中止付款。您可以通过评估得出您支付给本企业的顾问费都是从您省下来的费用中拨出来的，事实上您根本就不需要多支付任何额外的费用，却能够达成提升工厂管理的目的。总经理，我诚恳地建议您，这的确是值得一试的事情，如果您现在就签这份协议，我可以安排一个半月以后开始这个项目。"

上面这个案例中的顾问采用的就是价值成本说明，也叫做价值成本分析。当企业的产品或服务的确能够为客户改善工作效率、增加收入或降低成本时，便可以选择价值成本说明法为客户进行分析说明。

三、提问和反馈的技巧

(一) 提问的作用

提问的能力决定了营销人员销售能力的高低。提问到底应该问什么，或者说提问的作用主要表现在哪些方面呢？

1. 利用提问导出客户的需要

很多营销人员在培训时被要求时刻迎合客户的需求，而不是引导客户的需求，发展到实际销售中的表现就是客户一个劲儿地问，营销人员只是一味地回答问题，他们以为客户提出的问题都解决了，自然就可以达到销售目的。这些销售员想得太简单了，若不知道客户真正关心的是什么，主要的问题在哪里，又怎能找出营销的切入点呢？

还有一种营销人员在与客户通话时一直不断地介绍和推销产品或服务，给客户的感觉是你在对他进行强迫式推销，一味地施加压力。客户之所以愿意和营销人员谈话，是期望营销人员可以对其现状进行诊断，给他专业的建议，而给出最好建议的前提就是有策略地提问。笔者在做销售培训时，多次强调在对话中"以问结尾"的重要性，并通过反复练习让销售员养成"以问结尾"的习惯，效果显著。

2. 利用提问测试客户的回应

当营销人员非常用心地向客户解释一番之后，自然是迫切希望了解客户听进去了多少，听懂了多少，反应如何。一般的营销人员通常滔滔不绝地说了一大堆之后，就用论述(句号)结尾，马上停止，没有下文。这个时候客户的表现通常是："好，我知道了，改天再聊吧。"或"我考虑一下再说。"如果营销人员在论述完之后，紧接着提问"您觉得怎么样呢？”或“关于这一点，您清楚了吗？”效果会好很多，提问给客户阐述其想法的机会。

3. 利用提问掌控对话的进程

对话的进程决定了销售的走向。在销售工作的各个阶段，提问都可以推动销售对话的进程。

(1) 开场阶段，通常需要以好奇性的提问开头，如“我可以请教您一个问题吗？”利用状况性提问收集客户信息，如“您是怎样进入这个行业的呢？”“您的产品目前销售状况如何？”

(2) 确认需求阶段，可利用诊断性提问建立信任，确立具体细节，如“您是需要大型的服务器还是小型的办公电脑设备？”可利用聚焦性提问确认，如“在某某方面，您最担心的是什么呢？”

(3) 阐述观点阶段，提问的作用在于确认反馈和增强说服力。确认的提问如：“您觉得怎么样呢？”

(4) 谈判成交阶段，提问的作用在于处理异议和为成交做铺垫。成交阶段通常用假设性的提问方式试探，例如“如果没有其他问题的话，您看什么时候可以接受我们的服务呢？”这是一个进可攻、退可守的问题。提问之后注意停顿，保持沉默，把问题抛给客户，直到客户说出自己的想法。切忌，提问之后，不要先开口或自问自答。

4. 提问是处理异议的最好方式

异议的产生有两个原因：一是源于人类本身具有的好奇心；二是由于没有完全明白，需要进一步了解。从好奇心角度来说，人类的好奇心理是永无止境的，如果营销人员碰到一个“打破砂锅问到底”的客户，那可要注意应对了，如果只会一味地回答其问题，可能无法达到很好的营销效果，甚至会浪费时间。当客户提出一个问题，营销人员可以尝试反问他：“您这个问题提得很好，为什么这样说呢？”以这样的方式争取主动，设法引导客户说出心中的顾虑和疑问，并提出解决方案，尽早达成交易。

当客户没有完全听明白的时候，他通常表现为沉默不语、迟疑不决或干脆逃避，诸如“不需要”、“考虑看看”、“把资料留下来，以后再说”的借口就会频频出现。这个时候，提问的作用是探询客户了解的程度。例如：“对于这一点，您的看法如何呢？”或“那没关系，您为什么这样说呢？”多问几个“为什么”，然后在最难以理解的环节利用渗透性提问，如“还有呢？”等，以获取更多的信息。

(二) 提问的技巧

至于怎么提问，专业的营销机构都对此做过很多研究，笔者也曾专门研究了诸如SPIN、PSS等专业提问训练，每个研究体系都站在各自的立场上阐述理论。没有固定的提问模式，只有一定的提问原则，具体的提问方式还是要根据营销的产品和客户的不同类型而定。总的来说，有如下几个需要注意的方面：

1. 礼节性提问掌控气氛

在对话的开始，应用礼节性提问表现出对客户足够的尊重。例如："请问先生(小姐)您贵姓？""可以请教您一个问题吗？"或"现在和您谈话不打扰您吧？"

2. 好奇性提问激发兴趣

被客户拒绝最根本的原因在于产品或服务没有引起客户足够的兴趣。采用提问的方式激发购买兴趣，是因为提问给客户足够的想象空间，让客户意识到购买产品或服务将为自己带来的好处或改变。典型的好奇性提问如："你知道这是为什么吗？""你想知道我们的服务是如何帮助贵公司提高收入(降低成本、增强效率)的吗？"等等。

3. 影响性提问加深客户的困扰

客户迟迟不愿意签单，可能是让营销人员最头疼的问题。其实，成交不是一个单独的行为，它应该是水到渠成的必然结果，改善成交不利最好的方法不是研究成交本身，而是要探询为了成交营销人员做了哪些准备，是否足够充分。客户为什么感觉有没有你的产品都无所谓，就是因为其面临的问题还没有引起其足够的困扰。客户的问题应该是被营销人员问出来，然后再通过影响性提问让他进一步认识到问题的严重性，提高问题需要解决的急迫性。例如："如果这样的问题长期维持下去，对您公司的发展有何影响呢？""为什么这个问题如此重要呢？"或"您的老板是如何看待这个问题的？"

4. 渗透性提问获取更多信息

乔·库尔曼是美国著名的金牌寿险推销员，是第一位连任三届美国百万圆桌俱乐部主席的推销员。他成功的秘诀之一就是擅长渗透性提问，如客户说："你们这个产品的价格太贵了！"他会说："为什么这样说呢？""还有呢？""然后呢？""除此之外呢？"以这种方式提问，然后让客户说。"客户说得越多他越喜欢你"，这是每个营销人员都应该记住的名言。通常客户一开始说出的理由不是真正的理由，渗透性提问的好处在于可以挖掘出更多的潜在信息，从而做出正确的判断。而通常当你说出"除此之外"的最后一个提问之后，客户都会沉思一会儿，谨慎地思考之后，说出他为什么要拒绝购买的真正原因。

5. 诊断性提问建立信任

诊断性提问也叫封闭式提问，特征是以"是不是"、"对不对"、"要不要"或"是……还是……"等句型发问。例如，电脑产品的营销人员，开始与客户对话时可以这样提问："您平时是习惯使用台式机还是笔记本电脑？"销售员使用这种诊断性的提问，作用很多，例如可以收集信息、澄清事实真相、验证结论与推测、缩小讨论范围等。客户回答这些问题，只需一两个词、字等，简洁、明确，没有太大的压力。更为重要的是，这种诊断性的提问方式缩小了营销人员与客户的距离，营销人员可以借由这样的提问方式展示自身的专业。用好诊断性提问有个前提，就是要做好客户的资料分析，事先想好提问的内容与顺序，达到一针见血、分析透彻的目的，快速建立高度信任的良好效果。但过多地使用封闭式提问，会使客户处于被动的地位，压抑其自我表达的愿望与积极性，有被审讯的感觉，所以采用封闭性提问的方式要适度，并和开放性提问结合起来使用，效果更佳。

6. “重复客户原话+专业观点陈述+反问”(三段式)增强说服力

让客户说出更多信息，可以拉近营销人员与客户的距离。但要说服客户，只让客户说是远远不够的。客户希望营销人员可以给出专业的建设性意见，因此真正的说服一定要和专业的观点陈述结合起来。说服往往发生在当客户提出异议之后，不论客户提出任何刁钻的问题，首先应该认同客户，最佳的认同方法就是表达出同理心，简单地重复一遍客户的原话，如“李经理，我非常理解您现在的感受，正如您刚才所言……”掌控好客户的情绪之后，再进行专业陈述，如“根据一般的情况，这个问题的发生主要是由以下几个方面引起的：第一，……第二，……第三，……”等。不过，结尾千万不要忘了“以问结尾”，例如“您认为如何呢？”以征询客户意见。

7. 提问后沉默

提问后该怎么办呢？很多营销人员爱犯的毛病是沉不住气，或者自问自答。因为在对话过程中，会存在时间上的空隙，而一般人不能忍受对话进程中止，他们要想方设法填补对话间的空白，这是一种与生俱来的习惯。顶尖的营销精英非常注意提问之后的处理，他们努力克服提问后的惯性论述，通常在提问之后，马上闭口、停顿，直到客户说出他所要的信息。

第六节　寻找合适的联系时间

客户的职业、性别、年龄不同，其方便接听电话的时间也不一样，选择最适合的时间与客户取得联系，可以有效地提高拨打效率，提升成交率。下面以周、日及职业分类为例，介绍适合联系目标客户的时间段。

一、以周为标准

星期一，这是双休日刚结束上班的第一天，客户肯定需要处理很多事情，很多公司都在星期一召开商务会议或布置这一周的工作，所以客户大多会比较忙碌。如果要联系目标客户的话，应尽量避开这一天。如果我们找客户的确有急事，应该避开早上的时间，选择下午会比较好一些。

星期二到星期四，这三天是正常的工作时间，也是进行电话营销的最佳时间，电话营销人员应充分利用这三天，多与客户进行沟通，以获得良好的销售业绩。

星期五是一周工作的结尾，如果这时打电话给客户，多半得到的答复是："等下个星期我们再联系吧！"这一天营销人员可以进行一些调查或预约的工作。

二、以一天为标准

早上8:30—10:00，刚开始上班，大多数客户会紧张地工作，这时接到业务电话也无暇顾及，所以这段时间电话营销人员不妨先做一些准备工作。当然，这个时间段也可以根据客户所在地区和职业的实际情况进行调整。

10:00—11:00，这段时间客户大多不太忙碌，一些工作上的事情也处理完毕，应该是电话营销的最佳时段。

11:30—14:00，午饭及休息时间，除非有紧急情况，必须马上联系客户，否则不要轻易拨打电话。

14:00—15:00，这段时间人可能会感觉很烦躁，尤其是夏天，所以不适宜对客户进行推销。

15:00—18:00，这段时间客户基本已经完成了一天的工作，心情也比较放松，这时拨打电话，拨通和成交的概率都相对较高。营销人员应充分利用这个时间段，尽量多与客户联系，提高自己的营销业绩。

三、以职业为标准

(1) 会计师：不要在月初和月末，最好选择在月中与其联系。

(2) 医生：11:00后和14:00前，最好是在雨天。

(3) 药剂师：13:00—15:00。

(4) 销售员：10:00前或16:00后，最热天、最冷天或雨天会更好。

(5) 行政人员：10:30后到15:00之前。

(6) 股票、期货行业从业人员：避开开市时间，最好在收市以后。

(7) 银行工作人员：10:00前或16:00后。

(8) 公务员：工作时间内，切勿在午饭前或下班前。

(9) 艺术家：早上或中午。

(10) 餐饮业从业人员：避免在进餐时间，最好是15:00—16:00。

(11) 建筑业从业人员：清早或收工的时候。

(12) 律师：10:00前或16:00后。

(13) 教师：16:00以后，放学时。

(14) 零售商：避免周末或周一，最好是14:00—15:00。

(15) 工人：最好在20:00—21:00。

(16) 家庭主妇：最好在10:00—11:00。

(17) 报社编辑记者：最好在15:00以后。

(18) 商人：最好在13:00—15:00。

第六章

电话营销的前期准备

第一节　电话营销人员必备的心态

一、主动的心态

主动是指不靠外力促进，而是依靠自己把握，凡事主动做和被动做，效果肯定是不一样的。做电话营销工作也是如此，电话营销人员以主动的心态应对工作中遇到的机遇和挑战，解决问题和困难，主动出击才会使自己的业绩倍增，在锻炼自己的同时也积蓄了力量。而且，营销工作的本质便决定了从业人员必须具备主动性，只有主动掌控业务的进程，才能取得营销工作的成功，实现营销人员的价值。

二、热情的心态

热情的心态是导致电话营销人员保持士气高昂的关键因素，只要有热情，营销人员的身心就会充满活力，工作起来也会事半功倍。对电话营销工作充满热情的人，不论遇到多大的困难，面临多大的压力，也会想方设法解决问题，最终达成自己的目标。此外，积极、热情的心态还有助于成交，因为一个充满工作热情的营销人员，其热情、充满活力的态度很可能会感染电话另一端的客户。

那么，怎样培养积极、热情的心态呢？以下几种方法可能会对电话营销人员有所帮助。

(1) 制订一个明确的电话营销目标；

(2) 清楚地写下自己达成目标的计划与步骤，以及为此付出的努力；

(3) 以强烈的成功欲望作为达成目标的有力支撑；

(4) 立即执行计划；

(5) 正确而坚定地按照计划去做；

(6) 如果遭遇失败，应总结失败的原因并结合实践经验对计划的合理性进行研究，必要时对计划加以修改；

(7) 健康的身体是工作的本钱，电话营销人员由于工作的性质，会缺少锻炼，身体的各方面如肩、颈等可能会产生劳损，身体的不适也会影响营销人员工作的效率和热情，因此，营销人员应在工作之余锻炼身体，如每天早起做一些体能活动，像柔软操、慢跑或骑自行车等，在增强身体体质的同时，还可以保持充沛的精力；

(8) 养成自我暗示的习惯，每天工作之前，电话营销人员可进行积极的自我对话，鼓励自己一定可以做到最好。

三、给予的心态

电话营销工作需要具备的最重要的心态便是给予。打电话给客户的目的是给予而非索取，是让客户使用我们的产品或服务，从而帮助他解决目前存在的问题。如果以给予的心态去打电话，那么我们的态度就会改变，不会因为电话邀约失败而伤心，也不需要为客户爽约而难过，难过多是因为索取心太重。只有发自内心的真诚帮助，对方才会感觉得到，他也会明白此刻你的邀约是为他带来机会和提供帮助，反之，假如邀约的目的是为了索取，那么你一定会以急躁的心理让客户感觉到不安，无论是语速、语调还是情绪，都会让对方觉得这次电话的目的是为了从他身上得到某些好处，客户自然会拒绝。

通过帮助客户解决问题，如经营、营销或者个人健康等方面的问题，使对方得到帮助，你们之间的交往就会体现企业和营销人员的价值，你的价值越大，对方对你的需求自然会越大，对营销人员也会越来越信赖。

四、积极的心态

做电话营销工作时，积极的心态尤为重要。之所以有这样的结论，是因为当一个人接起电话时，虽然接电话的动作非常简单，但包含着人内心的状态和习惯，对于不好的状态和习惯就需要我们学会突破。

很多电话营销人员一拿起话筒就开始疑惑自己是否应该拨号，拨号的途中又在担心电话另一端如果没人怎么办，或者对方不接听怎么办，或者邀约成功，客户爽约怎么办；挂上电话更是坐立不安，害怕客户应约而来，却一字不听就扬长而去怎么办；即使他耐着性子听完，却拒绝合作又该怎么办；甚至最后还杞人忧天地考虑如果成功地谈成生意，可是却由于客户的某种原因失败了，那不如开始就放弃。一旦抱着这样的心态去打电话，注定会使每次的邀约都无法成功。

反之，以乐观的态度去面对每一次通话的过程，从拨打开始抱着对方一定会接听的心态，相信只要有人接听电话就会与自己交流，有交流就会有人应允下一步的见面，只要见面就会有沟通，当客户了解产品之后就一定会对此产生兴趣，一旦产生兴趣就会有成交合作，如此反复循环致使合作成功。

五、自信心

同样是做电话营销工作，有的人自信满满，业绩也遥遥领先；而有的人却因为缺乏自信而错失许多营销机会，自信心的作用在此时表现得淋漓尽致。

在进行电话邀约时，自信者的声音往往不会显得过于激昂，也不过于低沉，同时表现出抑扬顿挫，给客户的感受是真诚、可信认，从而进入下一步的交流；而不自信的人打电话，语速较快而且飘忽，感觉好像带着某种动机一般，对方在电话中感受到营销人员的不安，自然会起戒心并询问其打电话的目的。客户一质疑，营销人员便更是在心里敲起了退堂鼓，马上认定交流失败而挂上电话。从以上的内容中可以看出自信心是非常重要的。

实际上，要获得自信的声音效果并不是一件容易的事情，但也并非无章可循。以下方法可供电话营销人员参考。

(1) 回忆某次电话沟通的情境，模拟当时的对话，把自己的声音录下来，反复播放、仔细倾听，分析自己讲话的优势与劣势，并对不足之处加以改进。声音检查的要点包括：语气是否自信友好、语调是否抑扬顿挫、语速是否适中、声音是否悦耳动听、表达是否准确明白等。

(2) 可以上网下载或购买一些诗歌朗诵的碟片跟着练习，更好地掌握对各种声音要素的控制要领。

(3) 深呼吸有助于舒缓紧张的情绪，建立自信。具体的做法是：深呼吸一口气3秒钟，然后闭气5秒钟，最后吐气2秒钟，反复几次。根据实际情形，还可以适当延长时间，这样会收到更好的效果。

第二节　如何塑造良好的心态

一、换位思考

换位思考是人对人的一种心理体验过程。将心比心、设身处地是达成理解不可缺少的心理机制。它客观上要求我们将自己的内心世界，如情感体验、思维方式等与对方联系起来，站在对方的立场上思考问题，从而达成与对方在情感上进行沟通，为增进理解奠定基础。它既是一种理解，也是一种关爱，是融洽人与人之间关系的最佳润滑剂。

大多数人都有一个特点，即总是站在自己的角度去思考问题。假如我们能换一个角度，站在他人的立场上去思考问题，便会多了一些理解和宽容，改善和拉近人与人之间的关系，而这一切都是从换位思考做起的。

下面以一个小故事来说明换位思考的重要性。

儿子打完仗回到国内，在旧金山给父母打了一个电话："爸爸，妈妈，我要回家了。但我想请你们帮我一个忙，我要带我的一位朋友回来。"

"当然可以。"父母回答道，"我们见到他会很高兴的。"

"有些事情必须告诉你们，"儿子继续说，"他在战斗中受了重伤，失去了一只胳膊和一条腿。他无处可去，我希望他能来我们家和我们一起生活。"

"我很遗憾地听到这件事，孩子，也许我们可以帮他另找一个地方住下。"父亲回答。

"不，我希望他和我们住在一起。"儿子坚持说。

"孩子，"父亲说，"你不知道你在说些什么，这样一个残疾人将会给我们带来沉重的负担，不能让这种事干扰我们的生活。我想你还是快点回家来，把这个人忘掉，他自己会找到活路的。"

这个时候，儿子挂上了电话。

之后父母再也没有得到儿子的消息。几天后，他们接到旧金山警察局打来的电话，在电话中他们被告知，他们的儿子从高楼上坠地而死，警察局认为是自杀。

悲痛欲绝的父母飞往旧金山。在陈尸间里，他们惊愕地发现，他们的儿子只有一只胳膊和一条腿。

在电话营销的沟通过程中，电话营销人员只有与客户换位思考，才可能加强理解，增加信任。当电话营销人员遭到客户拒绝时，不妨采用换位思考的方法来调整心态，多站在客户的立场上思考，也许客户正面临压力或情绪不佳，而此时也正是营销人员关心客户、与客户建立良好关系的最好时机。

二、心态平和

保持一颗平常心才能时刻处于好状态，真正能够做好电话营销工作的人一般都能保持平和的心态，有了平常心，才能积极而又坦然地面对电话营销过程中的种种挫折和困难，并不断改进自身的营销技巧，同时坚信通过自己不懈的努力，可以达成最终目标。那么如何修炼平常心呢？

在电话营销过程中的不同时机、不同阶段、平常心有其不同的表现形式。

(1) 在电话营销流程中，我们要养成良好的习惯，如通话前要做哪些准备，都要事先做到位；要做哪些步骤，第一步做什么，结束时做什么，每种程序和工作大约需要多长时间等。

(2) 在与客户通话时，营销人员要根据实际情况，灵活变通，随机应变地应用所学的营销技巧，不要生搬硬套。

(3) 在说服客户的时候，要顺其自然，切忌急躁。

(4) 在营销节奏的把控上，要根据客户的特点来掌握沟通节奏，细心体会客户的感受。

三、自我暗示

自我暗示又称自我肯定，这种方式能在短时间内改变我们对工作和生活的态度。通过自我暗示、自我催眠的方法，人们可以描述自己的天赋与能力，将简短而又积极有力的语言输入脑中。电话营销人员每天都应进行这样的自我暗示，以应对因工作中受到挫折而产生的消极情绪，将自己的心态调整好。如当被客户拒绝时，电话营销人员应该这样想："下一个会更好。"凡事都用积极的暗示来提醒自己，保持自己的最佳状态。

四、行动法

不管电话营销人员遇到什么样的问题，只要行动起来，认真地去尝试处理，即使问题没有解决，但心情也会轻松许多。

每天上班前，电话营销人员不妨先问自己如下几个问题，并尝试按相应的方法去做，让自己迅速行动起来。

(1) 自己当下真实的想法是什么，为什么还没有采取行动？

(2) 如果现在行动，会有什么好处？

(3) 如果不行动，会有什么不好的结果？

(4) 具体什么时候开始行动？

(5) 怎样完成行动计划？

第三节　电话营销人员的目标管理

"目标管理"的概念是由管理专家彼得·德鲁克于1954年在其著作《管理实践》一书中最先提出的，之后他又提出"目标管理和自我控制"的主张。德鲁克认为，并不是有了工作才有目标，恰恰相反，有了目标才能确定每个人的工作。所以企业的使命和任务必须转化为目标，如果一个领域没有目标，这个领域的工作必然被忽视。因此管理者应该通过制订目标对下级进行管理，当组织最高层的管理者确定了组织目标后，必须对其进行有效分解，转变成各个部门以及每个人的分目标，然后管理者根据分目标的完成情况对下级进行考核、评价和奖惩。

第二次世界大战以后，西方经济由恢复转向迅速发展的时期，企业急需采用新的方法调动员工的积极性以提高竞争能力，目标管理的出现可谓应运而生，在美国迅速传播，遂被广泛应用，并很快为日本、西欧国家的企业所仿效，在世界管理界大行其道。

一个优秀的目标管理体系要解决以下8个问题：

(1) 目标是什么？(实现目标的中心问题)

(2) 达到什么程度？(达到的质、量、状态)

(3) 谁来完成目标？(负责人与参与人)

(4) 何时完成目标？(期限、预定计划表、日程表)

(5) 怎么办？(应采取的措施、手段、方法)

(6) 如何保证？(应给予的资源配备和授权)

(7) 是否达成了既定目标？(对成果的检查、评价)

(8) 如何评估项目完成情况？(与奖惩挂钩、进入下一轮目标管理循环)

从一定意思上说，成功就是设定目标和达成目标。目标的设计要合理，所谓合理是指目标设定之后通过管理、跟踪是可以达成的，如果根本无法达成或非常容易达成，那都说明目标的设立存在问题。那么，设计目标时应该遵循哪些原则呢？

一、目标要明确

所谓“明确”就是要用具体的语言清楚地说明要达成的行为标准。明确的目标几乎是所有成功团队共同拥有的一个特点。很多团队不成功的重要原因之一就是因为目标定得模棱两可，或没有将目标有效地传达给相关成员。

假设我们将团队目标设定为“增强客户意识”。这个目标的描述就很不明确，因为增强客户意识有许多具体的做法，如减少客户投诉，过去客户投诉率是3%，现在把它降低到1.5%或者1%。此外，提升服务的速度，使用规范礼貌的用语，采用规范的服务流程，也是增强客户意识的方法。有这么多增强客户意识的做法，我们所设定的目标到底指哪一块？目标不明确就没有办法评判、衡量之后的执行情况。所以建议将目标修改得明确、细致，例如，我们可以将上面的目标细化为在月底前把“平均通话时长”这个指标提升至正常的标准，因为与客户沟通的时间要保持在一个正常的范围才说明客户意识到位。

二、目标可以衡量

可衡量是指目标应该是可以被衡量的，应该有一组明确的数据，作为衡量是否达成目标的依据。以“平均通话时长”这个指标为例，电话销售正常的通话时长在3.5～4.5分钟，这个就是可以衡量的目标。

如果制订的目标没有办法衡量，就无法判断这个目标是否实现。比如领导有一天问“这个目标离实现大概有多久？”团队成员的回答是：“我们早实现了。”这就是领导和下属对团队目标所产生的一种分歧。原因在于没有给定一个定量的、可以衡量的分析数据。

在实施方面，目标的衡量标准遵循“能量化的量化，不能量化的质化”，使制订人与考核人有一个统一的、标准的、清晰的、可度量的标尺，杜绝在目标设置中使用形容词等概念模糊、无法衡量的描述。对于目标的可衡量性首先应该从数量、质量、成本、时间、上级或客户的满意程度五个方面来进行；如果仍不能进行衡量，可考虑将目标细化，细化成分目标后再从以上五个方面衡量；如果依然不能衡量，还可以将完成目标的工作进行流程化，通过流程化使目标可衡量。

不是所有的目标都是可以衡量的，有时也会有例外，比如说大方向性质的目标就难以衡量。再如“为所有的老员工安排进一步的管理培训”。进一步是一个既不明确也不容易衡量的概念，到底指什么？是不是只要安排了这个培训，不管谁讲，也不管效果好坏都叫“进一步”？如果将这个目标明确一下，在什么时间完成对所有老员工关于某个主题的培训，并且在这个课程结束后，学员的评分在85分以上，低于85分就认为效果不理想，高于85分就是所期待的结果，这样目标就变得可以衡量了。

三、目标可以实现

目标贴近实际，通过努力可以实现和达到。

许多“控制式”的领导最爱犯的错误就是自己制订目标，然后交给下属去完成，而不在乎下属的意见和客观的市场环境。这样做的结果往往因制订的目标脱离实际而导致无法实现，正确的做法为领导者应该更多地让下属特别是工作在一线的员工参与到目标制订的过程中，制订目标时，先不要想达成的困难程度，不然热情还没点燃就先被畏惧给打消了。要坚持员工参与、上下沟通，使拟定的工作目标在组织及个人之间达成一致。目标不能订得过低，否则不努力便可以实现，起不到激励员工和提高企业绩效的效果；目标也不能订得太高，要具有可行性，难以实现的目标，不但浪费企业的资源，员工也会因此失去工作的动力。

四、目标具有相关性

目标的相关性是指此目标与其他目标的关联情况。如果实现了一个目标，但这个目标与其他的目标完全无关，或者相关度很低，那即使这个目标被达到了，意义也不是很大。

另外，工作目标的设定要与岗位职责相关联。比如公司培训前台人员，使其英语水平有所提高，以便接听电话时用得上，这时候提升英语水平与前台接电话的服务质量有关联，即学英语这一目标与提高前台工作水准这一目标直接相关。但如果让前台学习六西格玛管理方法，这个工作目标就脱离了与岗位职责的相关性，因为学习六西格玛管理这一目标与提高前台工作水准这一目标的相关度很低。

五、实现目标有时间限制

时限性是指目标的实现是有时间限制的。如规定在2005年12月31日之前完成某事，

5月31日就是一个确定的时间限制。没有时间限制的目标是没办法考核的，或容易造成考核的不公。

目标设置要有时间限制，根据工作任务的权重、事情的轻重缓急，拟定出完成目标项目的时间要求，定期检查项目的完成进度，及时掌握项目进展的变化情况，以方便对下属进行及时的工作指导，并且根据工作中实际情况的变化对工作计划进行调整。

六、目标要公开

在电话营销团队中，公开目标并承诺达到具有强大的示范效应。所以要倡导不论是个人还是团队，设定目标之后，最好将目标公开，或者告之上级主管，这样在领导和其他同事的监督下，执行人员在实现目标的过程中也会更加认真、积极、负责；相反，如果目标只有自己知道，那么每当业绩落后或是根本没有达成的时候，也会自我安慰："没关系，下次一定能做到！"就这样一次又一次地原谅自己，导致目标形同虚设。

七、目标具有增长性

电话营销工作的压力来自日益增长的业务目标。电话营销人员经常抱怨："为什么业绩目标总是在增长呢？"其实，目标应有动态变化，如果低于平均水平，当然要求更高；如果等于平均水平，那么自然要求有所突破，这在营销工作中属于正常的增长。企业是需要不断发展的，业务也需要不断地增加以支持企业。从文化角度来说，不断增长也符合人类打破极限的内在诉求，所以电话营销团队经常会设立打破最高纪录奖等，就是希望带动营销人员不断地突破极限，实现更高的目标。

第四节　电话营销人员成功的法则

一、大数法则

电话营销从根本上说就是一种数字转化率的游戏，一棵草算不上美丽，但当它融入一大片草原的时候，就变得非常壮观。同样的道理应用在业务上，即表示当营销人员拨打电话的数量多到一定程度时，其所获得的营销效果和业绩也会非常优异，这就是我们在销售中经常说到的大数法则。

从事电话营销工作的人员首先必须明确的就是：只要拨打的电话累积到一定数量，就会转化出意向客户，产生订单。从接触的客户，到意向的客户，再到成交的客户，统计出有一定规律的转化率。接下来营销人员只需要做两项工作：一个是拨打更多的电话，在转化率不变的情况下，拨打电话的数量越多，成交的客户就越多；另外一个就是努力提高自身技能，提高每个环节的转化率。当你用大数法则的理性心态去看待电话营销工作时，每天的工作都会变成一场场数字的游戏，那么原本枯燥的工作就会顿时充满了乐趣。

二、机会成本

机会是指做出一项选择以后而丧失的不做该选择而可能获得的最大利益。举个简单的例子，假设你今天可以拨打60个客户的电话推销保健品，但是实际操作时在某一个客户身上花了40多分钟，却没成功，导致你今天只接触50个客户，那么你就是在那位谈了40多分钟的准客户身上付出了50个客户的机会成本。比起面对面销售，机会成本对于电话营销的影响程度会更加显著。因此，营销人员必须培养自身精确的判断能力，在通话之初就要通过询问来判断客户是否具有购买的意向，明确掌握哪些准客户才是应该花时间进行沟通的。

三、养成良好的习惯

一个人的成功得益于良好的习惯，习惯是指一个人积久养成的生活方式，比如作息时间规律、饮食规律等。

在电话营销工作中，业务人员必须养成良好的习惯。例如，习惯每天被拒绝，保持良好、积极的心态；习惯每天重复拨打电话的工作流程，依然保持积极的工作热情等。电话营销人员只有将每日的工作转变为自己的习惯，才能适应这种重复单调的工作，以做出更好的营销业绩。

四、速度价值

速度价值包括两层含义：一层是指如何更快、更多地在同样的时间里成交；还有一层是指当我们碰到意向度较高或较低的客户时，应抓紧时间先成交意向度高的客户。因为对于任何一个从事商业活动的人来说，时间具有最大的投资价值，所以对于电话营销人员来说，更要注意时间管理和工作效率，争取在最短的时间里，获取最多的业务销量。

第七章

电话营销实务沟通技巧

第一节　电话营销心理决策循环

一、客户购买的原因

“要想钓到鱼，首先要像鱼一样思考。”从事电话营销工作的人员，首先要了解客户是如何决定购买的。曾经有权威的销售训练机构做过一项调查，题目为“客户为什么而购买？”答案有以下四个选项：①价格；②产品本身；③问题；④解决方案。调查的范围涵盖了30多个行业、14 000多名营销人员，结果大部分的人都选择产品本身或解决方案。这个结论告诉我们客户购买产品或服务的原因，即可以帮助客户解决问题。

具体来说，客户在决定购买一个产品或服务之前，需要考虑以下几个方面的问题：

(1) 我为什么要购买这个产品？产品能否解决我面临的问题？(客户需要什么)

(2) 我为什么要现在购买这个产品？(现在购买产品比晚些时间购买产品，能够解决客户存在的哪些问题)

(3) 我为什么要购买这个产品，而非其他供应商的产品？(从你这里购买产品，可以解决客户所面临的哪些独特的问题)

通常客户的问题是潜在的，大部分的客户在没遇到营销人员之前，可能也没想过购买产品；当然也有遇到问题需要购买商品或服务进行解决的客户。但不论是客户有明确的需求还是潜在的需求，营销人员都需要了解客户在做购买决策时的心理活动，衡量营销人员能力水平高低的标准不是看其能够解决多少明确的需求，而是能够挖掘出多少潜在的需求。

二、CSS循环在电话营销中的应用

很多人都认为施乐公司最著名的产品是复印机，其实，施乐拥有一个闻名世界的“产品”，那就是培训营销精英。不用怀疑，也不必感到惊讶，施乐公司培训营销人员的成绩是有目共睹的。在美国，就连微软、摩托罗拉等知名公司都争相把自己的营销人员送到施乐受训，原因很简单，因为施乐能培训出成功的营销人员。

施乐在销售实践中发现，专业的营销人员与业余的营销人员做事情时有一个显著的区别，那就是按一系列销售流程来做事，我们可将营销流程看作一个系统，它内部的各

个环节紧密关联，但不一定按顺序排列。我们可以这样看待这个流程：在一条铁轨上，行驶着一个火车头，后面拖着一节节的车厢。火车并不一定总是在同一条铁轨上行驶。在恰当又安全的地方，火车可以离开原来的铁轨，开到另一条支线上去。

当然，火车只是一个对营销流程的比喻，对于一列火车来说，火车头决定着所有车厢的去向，而每一个车厢就代表着营销流程的一个步骤。车厢到达目的地之后，就和火车头脱离开来，因为车厢已经完成了使命。

同样，车厢可以代表营销流程的关键组成部分或步骤。正如火车的车厢一节接着一节，营销流程的关键步骤也是紧密相连的。

任何营销活动都可以遵循一定的步骤来执行，对这些步骤进行归纳和总结，便形成了CSS销售循环，即客户销售技巧(customer sales skills)，在电话营销过程中，CSS循环包括如表7-1所示的6个步骤。

表7-1　CSS循环的6个步骤

步　骤	客户心理	销售行为
1	满意	事前准备
2	认识	开场白
3	标准	挖掘需求
4	评价	产品说明
5	购买	促成成交
6	使用	售后服务

在表8-1中，第二列代表在销售沟通中客户的心理循环阶段；第三列代表对应客户心理的不同阶段营销人员应采用的销售流程与技巧。

第一阶段：满意——事前准备

当营销人员还没有向客户销售产品时，客户其实对自己的现状是非常满意的，并不认为自己需要企业的产品。针对这一阶段的客户，营销人员应该事前进行准备，清楚地了解客户的资料，包括客户的性别、职位、企业名称等，找到客户可能存在的问题点以及需求点在哪里。

第二阶段：认识——开场白

在客户认识阶段，营销人员需要想办法让客户了解到自身现状的不足之处以及向其介绍产品的卖点。对应的开场白阶段，营销人员应该想办法与客户建立联系，并初步获得与客户沟通的机会，搞清楚客户是否对产品存在需求，并通过诉说来意引起客户的兴趣。

第三阶段：标准——挖掘需求

所谓决策标准，就是客户购买产品的条件，客户为什么会买产品，他选择产品最看中哪些条件等。那么，对应的挖掘需求阶段，营销人员的任务就是通过提问或影响的方法探询客户的真实需求、客户的潜在需求以及客户的特殊需求等，并判断所销售的产品或服务是否能满足客户的各种需求，为下一步做准备。

第四阶段：评价——产品说明

当客户有自己的购买标准时，其心里会有一套评价和比较的机制，一方面是来自自己的想法，特别是曾经的购买经验；另一方面也是需要借助权威机构或人士来帮助自己，判断自己的认识是否正确。所以，对应的销售阶段，营销人员要借用一系列的产品说明技巧，包括了解客户的心理评价、借助第三方影响力等各种方法来进行推荐。

第五阶段：购买——促成成交

当客户经过了决策、评价阶段以后，排除了所有的疑问，接下来就是决定是否购买的关键时刻了，所谓理性做决策、感性做决定，通常在这个时候，客户需要的是一个决定、一个信心。所以对应的销售阶段，营销人员要抓住机会，利用技巧，适时促成，帮助客户下决心购买。

第六阶段：使用——售后服务

购买了产品之后，客户就开始使用产品了。在此过程中，客户可能会产生各种关于产品的疑问，在此阶段营销人员千万不要认为营销活动已经结束了，而是要做好跟踪回访和售后服务工作，并不断提升客户的满意度和忠诚度，并形成口碑，提升客户的转介绍率，为后续的交叉销售和增值销售做好准备。

第二节　AIDA公式与日本电通的新发现

一、AIDA公式

电话营销人员必须了解一些基本的消费者心理学知识，本节为大家介绍AIDA公式。AIDA可音译为“爱达”，是国际推销专家海英兹·戈得曼总结的推销模式，是西方推销学中一个重要的公式。它的具体含义是指一个成功的推销员必须把客户的注意力吸引或转移到产品上，使客户对推销人员所推销的产品产生兴趣，这样客户的购买欲望也就随之产生，而后再促使其采取购买行为，达成交易。AIDA是4个英文单词的首字母：

A为attention，即引起注意；

I为interest，即诱发兴趣；

D为desire，即刺激欲望；

A为action，即促成购买。

AIDA模式代表的是传统销售过程中的4个发展阶段，它们是相互关联、缺一不可的。应用爱达公式，对营销售人员的要求是：

(1) 设计好推销的开场白或引起客户注意。

(2) 继续诱导客户，想办法激发客户对产品或服务的兴趣，有时采用“示范”的方式也会很有效。

(3) 刺激客户的购买欲望时，重要的一点是要客户相信，他想购买这种商品或服务是因为他需要，而他需要的正是推销员所推荐的。

(4) 购买决定由客户自己做出最好，推销员只要不失时机地帮助客户确认他的购买动机是正确的，他的购买决定是明智的，就基本已经完成了交易。

二、AISAS公式

时至今日，由于信息技术特别是互联网技术的发展，消费者所处的环境和购买习惯也发生了变革，在AIDA模式的基础上，日本电通广告提出了AISAS模式。AISAS模式是由电通公司针对互联网与无线应用时代消费者生活形态的变化而提出的一种全新的消费者行为分析模型。具体包括以下步骤：

(1) attention——引起注意；

(2) interest——诱发兴趣；

(3) search——进行搜索；

(4) action——促成购买；

(5) share——相互分享。

在全新的AISAS营销法则中，出现了两个具备网络特质的S，第一个“S”——search(搜索)，第二个“S”——share(分享)的出现，指出了互联网时代下搜索和分享的重要性，充分体现了互联网对于人们生活方式和消费行为的影响与改变。

第三节　电话营销的关键步骤、心理策略及技巧应用

在电话销售中，销售技巧的重要性自然不言而喻，这方面的内容恐怕也是电话营销从业人员最感兴趣的。因为电话销售中双方并未见面，相比而言，没有面访型销售那样借助形象增加说服力和客户的信任感，所以如何表达与沟通就显得更为重要，这就是销售技巧的作用。在本节中，我们将结合本章第一节中谈到的电话营销CSS循环在电话营

销过程中的应用与大家分享电话销售的步骤、心理策略和技巧。

一、绕障碍

在传统的电话营销中，特别是做陌生拜访时，经常要用到所谓“绕障碍”的技巧。其根本原因是无法获取准确真实的关键人联系信息，所以不得不应付前台或秘书这些“挡驾者”的折磨。但如果公司采用数据库清洗的方法做过初步的数据筛选，绕障碍的技巧要求就不像传统陌生拜访那样高了，因为分配到营销人员手上的数据资料大多是准确的关键人的信息。在关键人的电话联系方式里通常包括家庭电话、办公电话以及手机。手机除非关机或时间不合适，一般都能接通。而办公电话和家庭电话则不同，如果负责人不在，一般都是其家人、同事或助理接听，我们此处要探讨的就是如何绕过他们从而和关键人沟通。

(一) 与挡驾者搞好关系

“挡驾者”的作用不可忽视。如果你懂得尊重他们，并与他们保持融洽的关系，他们很可能会帮你解除困难。因为他们不仅知道老板的行程、习惯，也掌握竞争对手的情况。因此必须与他们搞好关系，并耐心地解释你的意图，以及你想与他的老板见面或谈话的原因。

在和他们沟通时，要把他们当成关键人或熟悉的朋友那样对待，在电话中始终保持友好的态度，并请求他们的帮助。在与他们的互动中，以留下良好印象为基本目的，同时在熟悉之后，抓住适当的时机请求他让你与老板或经理通话。

(二) 懂得应付对方的反对

虽然营销人员已尽全力，助手仍然坚决拒绝，那就应当找到适当的论据来应对他。助理或秘书可能以比较礼貌或委婉的方式拒绝，如他会说：“留下你的电话号码，待会儿我们回复。”或“经理在开会，我不知道什么时候结束。”这时营销人员应追问大概什么时间才能联系到经理。如果他的回答依然是搪塞，那么就没必要留下姓名，晚些再来电。如果他要你发一份传真过去，则建议你说资料太多，请直接告之负责人的E-mail为佳，这样便可以得到负责人的电子邮箱，当负责人收到邮件，只要他感兴趣就可能会立即回电话购买公司的产品或服务。

(三) 直接向秘书挑明

如果营销人员已经按秘书的要求做了(传真或寄了小册子)，便可以向他施压以取得会谈的机会。如可以在谈话中表达自己下一步的计划："小册子已寄出，我会在××日期、××时间来电。""我已按您的要求寄送了小册子，现在让我跟您的领导谈一谈吧。"通常，有50%的机会可以越过障碍。如果秘书仍然以借口推脱，你就不妨直接对他挑明："请问您的领导是真的很忙，还是善意地拒绝我，请您直接告诉我您的想法。"

（四）换个时间拨打

如果在所有的技巧都无效的情况下，就不要浪费精力了，不如换个时间拨打，有些时间是特别适合直接联络到你想找的人的，例如当秘书不在时，那么你便有很大的机会联系到经理本人。根据笔者个人的经验，通常高级管理层上班都比较早，下班比较晚，所以你可以尝试在早上7:30—8:30，中午吃饭换班，晚上6:00以后或周末致电。

（五）以客户或咨询者的身份拨打

在没有接触到任何负责人之前，营销人员应把自己真正的目的隐藏起来，告诉对方其他的理由。例如，想购买该公司的某种商品、询问资料或应聘某职位等，然后在和负责人谈话的过程中透露你的真正意图。

二、开场白

通过数据的清洗和反馈，营销人员可以了解到一些客户的信息，或绕过了"挡驾者"，直接与目标客户进行电话沟通，即进入开场白流程。

在开场白阶段，能够和客户把话说下去就是胜利，此阶段我们经常遇到的典型问题包括客户找各种借口拒绝，比如忙啊、开会、开车等，其中明确表示不感兴趣的现象是最多的；另外就是一点都不愿意听，快速挂机；还有就是喜欢拖延，迟迟不做决定，究其根本原因，是与人的基本心理行为有关。

（一）被拒绝的原因

客户之所以拒绝与营销人员继续交流，从心理行为上说，主要是由以下几个常见因素造成的：

1. 逆反心理

逆反心理是指人们彼此之间为了维护自尊，而对对方的要求采取相反的态度和言行的一种心理状态。逆反心理表示这样一种心理结果，即支持采取一种行动，结果却说服对方采取相反的行动。所以当营销人员问客户是否方便接听电话时，有些客户出于天生的逆反心理，下意识地就会拒绝。所以不如先把“不”说出来，比如可以和客户说：“现在和您通话不打扰您吧？”以应对客户的逆反心理。

2. 习惯性懒惰或拖延

逃避、懒惰也许是人的本性，遇到新鲜的事情不愿意去了解，也懒得去了解，实际上这就是一种懒惰心理在作怪。在电话营销过程中，经常会遇到客户以“事情多、太昂贵、太花时间”等为借口，这种客户也习惯说不、习惯懒惰、习惯拖延。所以只要有人给他打电话，让他了解新产品或服务，他总是会拒绝，这是一种习惯，很难改变，只能靠营销人员耐心说服或尽快找到他的兴趣点与之沟通。

3. 从前的购买经验

由于电话营销的应用越来越广，几乎在每个行业都有不同程度的应用，如房产、投资、各种会员卡、保险、书籍、消费品等。每个人每天都处于推销与被推销的循环中。其实电话营销是一种非常好的营销方式，但任何事物如果不加控制，超过了一定的范围，那在客户心理的效果都会大打折扣，再加上现在形形色色的诈骗手段，导致客户对电话营销产生抗拒心理。特别是北、上、广这样的大城市，客户或多或少都有不同程度的电销产品的购买经验，如果是好的购买经历还好，如果是差的购买经历，下次再接到类似的电话时，客户肯定会提高警惕，开场自然也就很难过关了。

(二) 开场白阶段应用的心理策略

那么，究竟应该如何应对开场白中可能会遇到的各种拒绝呢？这其中也是蕴藏着一些心理策略，我们只有先了解这些常用的心理原理与策略，才能在使用技巧方面应用自如。

1. 首因效应与近因效应(沟通效应的微笑曲线)

(1) 首因效应

所谓“首因效应”，是人与人第一次交往中给彼此留下的印象，在对方的头脑中形成并占据着主导地位的效应。首因效应也叫首次效应、优先效应或第一印象效应。

① 首因效应的重要作用

美国社会心理学家洛钦斯在1957年以实验证明了首因效应的存在。他用两段杜撰的故事作为实验材料，描写的是一个叫詹姆的学生的生活片段。这两段故事描述的是两种完全相反的性格。一段故事中把詹姆描写成一个热情并且外向的人；另一段故事则把他写成一个冷淡而内向的人。

故事一：詹姆走出家门去买文具，他和他的两个朋友一起走在洒满阳光的马路上，他们一边走一边晒太阳。詹姆走进一家文具店，店里挤满了人，他一边等待一边和朋友聊天。买好文具以后他在向外走的途中遇到了熟人，就停下来和他打招呼，后来他告别了朋友就去了学校。在路上他又遇到了一个前天晚上刚认识的女孩子，他们说了几句话后就分手告别了。

故事二：放学后，詹姆独自离开教室走出了校门，他走在回家的路上，路上阳光非常耀眼，詹姆走在马路阴凉的一边，他看见路上迎面而来的是前天晚上遇到过的那个漂亮的女孩儿。詹姆穿过马路进了一家快餐店，店里挤满了学生，他注意到里面有几张熟悉的面孔，詹姆安静地等待着，直到引起柜台服务员的注意之后才买了饮料，他坐在一张靠墙边的椅子上喝着饮料，喝完之后就回家了。

洛钦斯把这两段故事进行了排列组合：

第一组是将描述詹姆性格热情外向的材料放在前面，描写他性格内向的材料放在后面；

第二组是将描述詹姆性格冷淡内向的材料放在前面，描写他性格外向的材料放在后面；

第三组是只出示那段描写热情外向的詹姆的故事；

第四组是只出示那段描写冷淡内向的詹姆的故事。

洛钦斯将不同组合的材料分别让水平相当的中学生阅读，并让他们对詹姆的性格进行评价。结果表明，第一组被试者中有78%的人认为詹姆是个比较热情而外向的人；第二组被试者中只有18%的人认为詹姆是个外向的人；第三组被试者中有95%的人认为詹姆是外向的人；第四组被试者中只有3%的人认为詹姆是外向的人。

上面这个案例证明了第一印象对认知的影响。在首因效应中，对情感因素的认知常常起着十分重要的作用。人们一般都喜欢那些流露出友好、大方、随和情感的人，因为在生活中，我们都需要得到他人的尊重和注意。

首因效应告诉我们，人们根据最初获得的信息所形成的印象不易改变，甚至会左右对后来获得的新信息的解释。实验证明，第一印象是难以改变的，而第一印象主要是依靠性别、年龄、体态、姿势、谈吐、面部表情、衣着打扮等判断一个人的内在素养和个性特征。因此在日常交往过程中，尤其是在与别人初次交往时，一定要注意给别人留下美好的印象。

② 首因效应在电话营销活动中的应用

既然第一印象如此重要，那么营销人员在电话中留给客户的第一印象就非常重要了，你的第一句问候，声音、节奏、语气，甚至用词的专业性，呼吸的习惯，透过电话都能被客户感觉到。想象一下，如果营销人员的普通话水平很高，说话很流利，声音很有磁性，就好像中央电视台的新闻主播一样，再加之非常有礼貌，彬彬有礼，请问客户有什么理由不愿意多听一会呢？相反，如果营销人员的声音沙哑，音量大，而且口音浓重，没有平仄，没有节奏，讲话结结巴巴，一点都不流利，客户一听就感觉是销售电话或骗子电话，就算你的产品再好，都没有机会进行销售，那岂不可惜？所以，在电话营销活动中，声音就是营销人员的名片。我们的声音和我们的皮肤和身材一样，都需要“美容”，营销人员可以利用业余时间学习发声技巧，对提高电话营销的成功率非常有帮助。

(2) 近因效应

① 近因效应的作用

近因效应是指当人们识记一系列事物时对末尾部分项目的记忆效果优于中间部分项目的现象。这种现象是由于近因效应造成的。信息前后间隔时间越长，近因效应越明显，原因在于前面的信息在记忆中逐渐模糊，从而使近期信息在短时记忆中更为突出。与首因效应相反，近因效应是指在多种刺激一次出现的时候，印象的形成主要取决于后来出现的刺激，即交往过程中，我们对他人最新的认识占了主体地位，掩盖了以往形成的对他人的评价，因此，也称为“新颖效应”。

② 近因效应在电话营销活动中的应用

近因效应对我们做好电话营销的启示是：不仅要注意开始怎么说，同时也要注意最后如何说。通常讲话快结束时，营销人员要注意放慢速度，吐字清晰，更加注意礼节，给客户留下专业的印象。

2. 20秒时间

通常，一个人对陌生电话的好奇心可以维持20秒左右，就如同演讲前18分钟非常重要一样，所以接通电话后的20秒钟是至关重要的。能把握住这20秒，才有可能用至多一分钟的时间来进行开场白。所以营销人员必须在不到20秒的时间里介绍自己的身份、来自哪里、找客户的目的以及这件事情能够使客户得到的利益。

3. 常用的引起客户兴趣点的心理学原理

电话营销开场白的目的除了要把话说下去，更重要的是要激发客户的兴趣，经常用来激发客户兴趣点的心理学原理有如下几种。

(1) 互惠

互惠原理是指我们应该尽量以相同的方式回报他人为我们所做的一切。概括起来就是一种行为应该用一种类似的行为来回报。例如很多企业都会采用免费试用的方法将自己的产品提供给潜在的客户，这样做的目的是让客户体验一下是否适合这种产品。虽然免费试用需要企业付出一些成本，但这种方式的妙处在于，免费试用品也是一种礼品，可以把潜在的互惠原理调动起来，通过试用，部分客户会购买企业的产品。

(2) 短缺

短缺原理是指商家故意制造一种商品短缺的现象，从而刺激客户抓紧时间购买产品，进而赢得利润的销售手段。目前，很多商家都采用这种方式进行促销，如降价清仓、礼品有限等方式都是使用了这样的原理，而越来越多的消费者被这种方式所刺激。消费者会被生产者的这种方式所吸引，主要的原因是消费者对于那些需要竞争才能得到的东西更加珍惜，往往忽视了自己内心的真实想法，忘记这种商品是否为自己所需。

(3) 社会认同

社会认同原理是指人们进行是非判断的标准之一是看其他人是怎么想的，尤其是在要决定什么是正确的行为时。如钢琴热、外语热、健身热等，总之，社会中总是会有大规模的从众行为，似乎每一个人都要参考周围的人的行为来决定自己应该做些什么。在电话营销过程中，营销人员可以“很多人都已经使用这种产品”为开端，推荐准客户尝试了解，这就是典型的社会认同原理的应用。

(4) 喜好

喜好原理是指我们总是愿意答应自己认识和喜爱的人提出的要求。一方面，对于喜欢我们的人，我们也更容易喜欢对方；另一方面，人们总是比较愿意答应自己认识和喜爱的人提出的要求，这是很自然的。所以在电话营销中，客户总是喜欢和自己喜欢的营销售人员进行沟通，或者愿意为自己感兴趣的事务花时间交流。

(5) 权威

所谓的权威原理是指人们愿意听从专家的意见，如电话营销人员在与客户的沟通中经常以“这种产品是由××权威机构认证的”、“这款产品是由××明星推荐的”等语言来吸引客户购买商品，即应用了这种权威原理。

(三) 常用的开场白技巧

当一个人接到一个陌生的电话时，总是有如下几个疑问：

“你是谁？”

“你怎么知道我的信息的？”

“你找我有什么事？”

“这个事情对我有什么好处？”等等。所以，就需要营销人员把握好开场白的技巧。

1. 说好第一句话，建立初步信任

开场白的技巧就是要解决客户心中的疑虑，只有解决了，营销人员才有与顾客继续交谈的可能。而其中，第一句是最为重要的，通常要表明我是如何知道你的。比如，保险公司和银行信用卡部门合作，第一句话通常说的是：“您好，请问是××先生吗？我是招商银行客户服务中心的××，您现在有时间吗，想和您做个回访。”因为对方是招商银行信用卡的用户，所以就有了继续对话的可能性。

在这段对话中，保险公司的成功是源于套用了数据库来源之一的招商银行的良好信誉。如果你没有任何可合作的对象，也不具有良好信誉度的数据库，那么最简单的方法就是直接以客户的联系信息问候他。下面是一段较好的开场白案例。

营销人员：“请问，您是××老师吗？”

客户：“我是，您是哪里？”

营销人员：“××老师，您好，我叫××。我是在网络上看到您的文章，才知道您的联系方式的。您现在讲话方便吗？”

客户：“哦，是这样啊。您有什么事情吗？”

2. 不要给客户拒绝你的机会

大部分没有受过训练的营销新人往往都在开场白这一关吃过亏，只知道说或提很容易被客户拒绝的封闭式问题，例如好不好、是不是、可不可以。客户一个“不”字就让你前功尽弃。所以优秀的营销人员在每次对话时，都非常注意问题的设计，基本上都养成以开放性提问结尾的习惯。例如：“我今天找您是为了介绍一项特殊的顾问服务类型‘操盘’，您对这样的服务形式了解程度如何呢？”这样客户便不容易挂掉你的电话。但封闭性问题并不是在整个开场白阶段都不能用，当客户对这项服务感兴趣了，向营销人员请教或咨询意见时，你用封闭式的问题来进行回复，这个时候封闭式问题便容易建立信任。例如，笔者在和很多客户沟通的时候，客户对如何建立电话营销团队的组织结构非常苦恼，我通常会问他们：“可以简单描述一下你们目前的组织结构吗？”(开放性问题)；“你们有没有专门的人负责开发新客户、维护老客户？”(封闭性问题)。

3. 根据不同的人给予不同的利益诉求

在进行电话营销工作时每通电话通常时间都很短，一般在3.5～4.5分钟，开场白里需要精练地概括对目标客户的好处，由于目标客户的职位不同，其对利益的诉求也有所差异。

决策层如总经理级别的人天天被财务数字困扰，所担忧的问题都是直接能从数字或运营KPI表达出来的。销售额与利润的增长、成本的降低、单位运营效率的提高等，而且除了自身企业的运营问题之外，他们也比较关注竞争对手的动态、自己在行业内的影响等。所以，营销人员在短时间内必须巧妙组织自己的开场白，说出你要找他的理由。当他问你：“请问找我有什么事？”你就必须用一句话来概括你的产品和服务为他带来的利益。“刘总您好，我们公司是一家帮助企业建立电话营销系统、提升利润水平的咨询顾问公司，目前在您这个行业，××(对手公司)也是我们的长期战略客户。今天打电话给您，主要是希望您能了解我们的服务，互相交流，探讨合作的可能性。您想知道××(对手公司)是如何在使用了我们的服务以后，在3个月时间里，业绩增长了4倍的吗？”

管理层如部门经理，他们比较关注的是部门的考核指标，自己的部门权利，例如部门培训预算，以及他在组织内部的人事问题，比如其他部门对他们的支持、顶头上司对他们的看法等。所以，在和这些人沟通时，不要只说你的服务和产品对整体公司产生的影响，而是应有针对性地就其重视的问题进行切入介绍。

4. 事先设立主要和次要目标

为了使每通电话都有价值，一位专业的电话营销人员在打电话给客户之前一定要预先定下希望达成的目标，如果没有事先定下目标，可能会使营销人员在通话时偏离主题，浪费许多宝贵的时间。通常电话营销的目标可分成主要目标和次要目标。

主要目标通常是你最希望通过这次电话达成的事情；而次要目标是如果当你没有办法在这通电话里达成主要目标时，你最希望达成的事情。

许多电话营销人员在打电话时，常常没有定下次要目标，因此在没有办法完成主要目标时就草草地结束通话，不但浪费了时间，也在心理上造成负面的影响，觉得自己老是吃闭门羹。

(1) 常见的主要目标

① 确认准客户是否为真正的潜在客户；

② 确定约访时间；

③ 销售某种预定数量或金额的商品或服务；

④ 确认准客户何时做出最后决定；

⑤ 让准客户同意接受商品/服务建议书。

(2) 常见的次要目标

① 取得准客户的相关资料；

② 销售某种并非预定的商品或服务；

③ 与准客户约定再联络的时间；

④ 引起准客户的兴趣，并使准客户同意先阅读商品/服务资料；

⑤ 得到准客户的转介绍。

制订主要与次要目标的好处是让电话营销人员不会感觉自己每天所做的劳动是白费的，同时也为以后的销售做好了铺垫。

5. 请求客户的帮忙

这个方法来自于互惠原理。只要是合理的请求，通情达理的客户总是不会拒绝的。请求客户帮忙这种方法在电话营销中经常使用。例如：“早上好，陈经理，我是××公司的××，有件事情想麻烦您一下(有件事想请您帮忙)！”一般情况下，以请求帮忙的方法接近客户，对方是不好意思断然拒绝的，这样电话营销人员就能争取到更多的机会与客户继续交谈。

6. 应用影响力

这个方法源自社会认同、喜好、权威等原理。人们的购买行为常常容易受到他人的影响，电话营销人员应该把握客户的心理，应用不同方面的影响力，以不同的方式引起话题。

(1) 描述同行业的龙头企业已经使用过自己的产品的事实；

(2) 描述客户熟悉的名人或专家已经在使用的事实；

(3) 提到客户周围的朋友或熟悉的人已经购买的事实；

(4) 提到客户的竞争对手已经使用的事实。

7. 直接陈述对客户的利益

所谓利益，简单来说就是产品或服务能够给客户带来的好处。采用这种方法，通常可以使用的话题包括如下几种。

(1) 设立刺激性问题。例如："先生，您好，如果我们有个服务能够把您的长途话费降低一半，不知道您有没有兴趣了解呢？"

(2) 分享有价值的信息。例如："陈总，我们刚刚对××公司进行了内训，这个培训项目使他们销售团队的业绩提高了3倍以上，希望有机会和您分享一些我们和××公司合作的宝贵经验。"

(3) 提供免费尝试的机会。例如："先生，为了感谢你们老客户对我们公司的支持，现在特提供一款红酒产品的免费品尝机会，请问您想参加这个活动吗？"

三、挖掘客户需求

开场白之后，接下来就是要挖掘客户的需求了。通常我们把这个阶段称为"加温"期，就像烧开水一样，不断地激发客户的购买欲望，直至100℃的决策点。

在这个步骤当中，电话营销人员应以了解客户的需求、塑造产品的价值为目的，以能和客户展开自如交流为主线，根据客户的反馈，不断激发客户的兴趣。下面以一个招聘行业的电话营销案例说明如何在电话中了解和激发客户的需求。

营销人员："张经理，您好！请问贵公司有招聘的需要吗？"

客户："有的。我们在招一名电工。"

营销人员："请问这个职位空缺多久了？"

客户："有一段时间了。"

营销人员："大概多久呢？"

客户："哦！有半个多月了吧！"

营销人员："啊！这么久了？那您不着急吗？"

客户："不急，老板也没提这个事。"

顾问："张经理，老板没提这个事可能是因为他事情太多没注意到这个问题。但是您想过没有，万一在电工没到位这段时间，工厂的电器或电路发生问题该怎么办呢？"

客户：……

顾问："张经理，我知道您的工作一向做得很棒，老板非常认可。很多事情不怕一万，就怕万一。如果万一工厂发生了什么事情，而老板却发现是因为电工还没到位，那肯定会对您有影响。您为这家公司付出了很多，如果因为一件小事而受到影响肯定划不来。建议您尽快把这名电工招到位。"

客户："你说的好像也有一点道理。"

顾问："我本周六给您安排一场招聘会，您看怎么样呢？"

客户："好啊！那就安排一场吧。"

顾问："好的，那麻烦您让人尽快把资料发给我，我好在报纸上帮您做点宣传，确保电工招聘到位。"

客户："好的，谢谢你了！再见。"

(一) 如何定义客户的需求

我们可以利用马斯洛的需求层次理论对客户的需求进行分类。该理论将需求分为五种，像阶梯一样从低到高，按层次逐级递升，分别为：生理需求、安全需求、情感和归属的需求、尊重的需求、自我实现的需求。

1. 生理需求

生理上的需求是人们最原始、最基本的需要，如空气、水、吃饭、穿衣、住宅、医疗等。它是最强烈的、不可避免的、最底层的需求。

2. 安全需求

安全上的需求包括劳动安全、职业安全、生活稳定、避免灾难以及未来有所保障等。安全需求比生理需求高一级，当生理需求得到满足，人们便开始追求安全需求。

3. 情感和归属的需求

情感与归属的需求是指个人渴望得到家庭、团体、朋友、同事的关心、爱护、理解，是对友情、信任、温暖、爱情的需求。情感与归属的需求比生理上的和安全上的需求更细微、更难捉摸，它与个人性格、经历、生活区域、民族、生活习惯、宗教信仰等都有关系，这种需求是难以察悟、无法度量的。

4. 尊重的需求

尊重的需求可分为自尊、他尊和权力欲三类，包括自我尊重、自我评价以及尊重别人。尊重的需求很少能够得到完全的满足，但基本上的满足就可产生推动力。

5. 自我实现的需求

自我实现的需求是最高等级的需求。满足这种需求就是要完成与自己能力相衬的工作，最充分地发挥自己的潜在能力，成为自己所期望的人物。这是一种创造的需求。有自我实现需求的人，似乎在竭尽所能地使自己趋于完美。

(二) 需求挖掘阶段应用的心理策略

在电话营销需求挖掘阶段，经常面临的问题包括：

(1) 客户自己根本不知道自己的需求是什么。

(2) 客户有需求，但是不明确。

(3) 产品的卖点无法明确地与客户的需求对接。

那么，究竟应该如何拉近电话营销人员与客户的距离呢？这就需要我们首先了解挖掘需求背后的心理学策略。

1. 人类生来具有趋利避害的本能

“趋利避害”解释为趋向有利的一面，避开有害的一面。该成语出自汉·霍谞《奏记大将军梁商》：“至于趋利避害，畏死乐生，亦复均也。”

趋利避害是生物的本能，当然，也是人类的本能，这种本能是生物与生俱来的，也是生物不断向高级进化的保证。趋利使生物得到更强的生存能力，避害使得个体的生命得到延续，进而保证了物种的延续。事实上要发现每个人的内在需求，其背后的根本原因都是趋利避害，而趋利避害的途径可以归纳为两点：第一点是为了追求快乐；第二点是为了逃离痛苦。在追求快乐与逃离痛苦的选择中，一个人逃离痛苦的影响力比追求快乐要大得多，所以这个原理告诉我们，在挖掘客户需求时，要让客户意识到他有哪些没有被满足的痛点，这些没有被满足的痛点就是潜在的需求点。我们经常发现很多能力较差的电话营销人员一接触到客户就不断地介绍产品的利益和好处，最后的结果是客户可能会感觉产品很不错，但是却没有迫切需要的想法，所以一直在考虑，最终不了了之。根本原因就是营销人员在客户没有意识到自己的问题之前，盲目地推销产品的好处，所以没有强大的说服力。

2. 登门槛效应

登门槛效应又称得寸进尺效应，是指一个人一旦满足了他人一个微不足道的要求，为了避免认知上的不协调，或想给他人前后一致的印象，就有可能接受更大的要求。这种现象，犹如登门槛时要一级台阶一级台阶地登，这样才能更容易、更顺利地登上高处。心理学家认为，在一般情况下，人们都不愿接受较高较难的要求，相反，人们却乐于接受较小的、较易完成的要求，在实现了较小的要求后，人们才慢慢地接受较大的要求，这就是登门槛效应对人的影响。

在销售应用方面，营销人员就可经常使用这种技巧来说服客户购买他的商品。通常成功的营销人员都不会向客户直接推销商品，而是提出一个通常人们都能够或者乐意接受的小小要求，从而一步步地最终达成自己推销的目的。其实对于推销人员来讲最困难的并非是推销商品本身，而是如何开始第一步，登门槛效应恰恰可以在挖掘需求阶段起到很好的作用，营销人员不可能一开始就让客户感觉到问题有多严重，或者需求有多么强烈，而是应该一步步引导，逐渐让客户意识到问题的严重性。

3. 挖掘需求的SPIN销售策略

SPIN销售法是由著名销售大师尼尔·雷克汉姆提出的。SPIN销售法其实就是情景性(situation)、探究性(problem)、暗示性(implication)、解决性(need-payoff)四个英语单词的首字母。SPIN销售法就是指在营销过程中职业地运用实情探询、问题诊断、启发引导和需求认同四大类提问技巧来发掘、明确和引导客户的需求与期望，从而不断地推进营销过程，为营销的成功创造基础方法。

SPIN推销模型主要是建立在客户的需求上，因此问客户所重视的问题正是SPIN推销模型有效而且成功的主要因素，它的发问程序完全是配合客户在购买过程中的心理转变而设计的。因此营销人员可以将SPIN模型当作销售指南，通过发问来了解客户心理需求的发展过程，使其了解购买产品的急迫和重要性。

根据研究显示，成功的营销人员所采用的SPIN推销模型的大致程序如下：

第一步：利用情景性(situation)问题，例如：“王总您是从事什么职业的？”来了解客户的现有状况以建立背景资料库(收入、职业、年龄、家庭状况等)，销售人员通过资料的搜集，才能进一步导入正确的需求分析。此外，为避免客户产生厌烦与反感，情景性提问必须适可而止。

第二步：营销人员会以探究性(problem)问题，例如：“您觉得还有什么可以改进的？”“对产品内容满意吗？”等。来探索客户隐藏的需求，使客户透露出所面临的问题、困难与不满足，由技巧性的接触来引起准客户的兴趣，进而营造主导权使客户发现明确的需求。

第三步：营销人员会转问暗示性(implication)问题，使客户感受到隐藏性需求的重要性与急迫性，由营销人员列出各种线索以维持准客户的兴趣，并刺激其购买欲望。

第四步：一旦客户认同需求的严重性与急迫性，且必须立即采取行动时，营销人员便会提出解决性(need-payoff)问题让客户产生明确的需求，以鼓励客户将重点放在解决方案上，并明确解决问题的好处与购买利益。

不过不是所有销售情况都会遵照SPIN推销模型的发问顺序，例如：当客户立即表达明确的需求时，从业人员可以立即提出解决性问题；有时候从业人员在询问暗示性问题以探索隐藏性需求的同时，需辅以情景性问题来获取客户更多的背景资料。但是大致而言，多数的营销沟通都会遵循SPIN模式的发展。

(三) 常用的需求挖掘技巧

1. 用情景性提问获取客户的基本信息

挖掘客户需求的前提是要利用问题来了解客户的现有状况以增加对他的了解，只有通过对客户基本信息的搜集，方能进一步进行正确的需求分析。这类问题有一个重要的作用，就是判断客户是否属于目标客户，如果一些基本的条件都不满足，那么就没有必要继续询问了。

在应用情景性提问方式时，要懂得控制问题的数量，问题与问题之间要沟通流畅，基本信息不能问得太多，更不能像审问，这样容易使客户产生反感和抵触情绪。所以在提问之前一定要有所准备，只问那些准确的、非常必要的、最可能出现的情景性问题。总之，电话营销人员提出的每一个问题都要围绕一个目的，就是收集客户目前的实际情况、信息及背景数据。设计问题时应该遵循如下几个原则。

(1) 问简单、容易回答的问题。

(2) 问答复是肯定的问题。

(3) 问几乎不能抗拒的问题。

(4) 提问一定要简短，以免引起客户的不满和反感。

(5) 避免使用封闭式的提问，给客户被审问的感觉。

2. 通过探究式提问找出客户的潜在问题

营销工作就是为了帮助客户解决问题，没有问题，客户就不会购买。再好的产品，如果不能让客户意识到能解决他的问题，也是没有用的。

在了解了客户的基本情况之后，营销人员就要引导客户让其意识到他可能会遇到的问题，通过探究式的提问技巧引导客户发现“痛点”，促使客户从原来的“满意”状态向“不满意”状态转化。如果做不到这点，即使营销人员如何吹嘘自己产品的性能和质量，客户也难以产生实际的行动。在此阶段，电话营销人员在设计问题时应该遵循以下策略。

(1) 多运用开放式提问、多用中性词，如挑战、障碍等。

(2) 在应对大额订单、背景复杂的客户时，提问要精练简洁。

(3) 要尽可能地站在客户的立场上提问，不要只围绕自己的销售目的与客户沟通。

(4) 尽可能避免问那些与客户的机密或私人利益有关的敏感性问题，如客户的成本、收入、应付账款等。

(5) 问题要通俗易懂，不要让客户感到难以理解。

3. 通过暗示性提问让客户加深对问题严重性的认识

光让客户意识到有问题还不够，下一步，营销人员要利用暗示性问题使客户感受到隐藏性需求的重要性与急迫性，也就是这个问题一定要尽快解决，不能拖延。而且在客户面临的众多问题中，这个问题解决的重要性要优先。

应用暗示性提问的目的有两个：一是促使客户想象一下现有问题将带来的后果；二是促使客户将很小的问题或缺陷加以放大，提高客户解决这类问题的紧迫性。在进行此类提问时，电话营销人员应该注意如下几个方面：

(1) 电话销售人员可以从多方面来提问，如客户的身份、地位、满意度、利润、成本、品牌、工作效率等。

(2) 提问要尊重每个人的沟通习惯，维护客户的面子。

(3) 提问要注意给客户思考和消化的时间。

4. 解决性提问让客户聚焦到产品的推荐

一旦客户认同需求的严重性与急迫性，且必须立即采取行动时，营销人员应该立刻提出解决性的提问，以鼓励客户将重点聚焦在产品或解决方案上，并为客户购买后的利益做铺垫。解决性提问的主要特点为：

(1) 为双方寻求积极的解决方案奠定了良好的基础。

(2) 引导客户在无压力的情况下说出自己的顾虑和解决途径。

(3) 提出具有建设性、正面的、有意义的问题。

(4) 在提出此类问题之前，一定要注意所有问题是否已经发展到最严重的状态，一旦到达临界点，即可发问，不要错失机会。

(5) 此阶段的目标主要在于为客户解决问题，而不单单是注重存在的问题，更重要的是使客户有机会解释他关心的利益和问题。

四、产品推荐和介绍

当客户被电话营销人员挖掘和引导出需求之后，对产品产生了明确的兴趣时，电话营销人员就要抓住机会，根据自己的专业知识与经验，有针对性地对产品进行推荐，促使客户下定决心购买。由于电话沟通只能通过声音传达，所以向客户描述产品是非常具有挑战性的，在此阶段，经常出现的问题包括：营销人员的推荐无法唤起客户的购买欲望，或者沟通中描述的卖点太多而无重点，当然，最令客户反感的是只会一味地、强迫性地推销。所以，要想成功地进行产品介绍，必须进行最基础的准备工作。

(一) 产品推荐前的准备工作

1. 学习产品知识，成为产品应用专家

产品是一切销售的根本，脱离实际的产品知识来谈所谓的营销技巧是空洞无力的。所以，在进行产品销售之前，必须熟练地掌握产品知识。作为电话营销人员，除了要了解产品本身，对产品的用途、使用方法、客户使用环境以及对客户的利益都要有明确的认识，主要包括：

(1) 了解产品或服务的优点；

(2) 了解产品的成分、生产过程或服务的内容；

(3) 了解产品或服务的价格体系；

(4) 了解竞争对手的产品和服务的相关细节；

(5) 了解产品或服务的弱点；

(6) 了解售后服务的相关规定；

(7) 了解产品或服务的发展趋势。

那么，如何才能成为产品专家呢？主动学习、主动了解是最好的途径。电话营销人员要做到以下几点：

(1) 记录自己电话营销实战的成长历程，从中不断总结经验教训；

(2) 主动向同事请教，积极探讨问题，可以让自己少走弯路；

(3) 积极参加公司举办的各类培训会；

(4) 养成回访老客户的习惯。

2. 要相信产品

在向客户销售产品之前，电话营销人员必须先说服自己，如果营销人员无法从内心深处认可自己推销的产品，那么在销售时又怎么会有说服力，又如何能打动客户呢？

想让自己相信产品，就要做到以下几个方面：

(1) 对自己的产品有信心

如果电话营销人员对自己的产品没有信心，在客户面前就容易缺少底气。那还如何让客户有信心购买呢？

对产品的信心主要来自对产品的了解。因此，电话营销人员一定要下工夫学习掌握产品知识，充分了解产品品质、性能、作用、使用方法与注意事项等，同时注意总结自己的使用体会，绝不能一知半解，要做到对于客户提出的任何问题都能够百问百答。

(2) 如果条件允许，自己应该首先使用销售的产品

曾经有一位人寿保险经纪人想卖给世界汽车销售之神乔吉拉德5万美元的保险单，乔吉拉德就问他自己买了没有。“还没有。”他压低了嗓子回答。从那以后，不管他说什么，乔吉拉德再也不相信他。几个星期以后，乔对另外一位人寿保险经纪人提出同样的问题，那位经纪人老老实实地告诉乔，他买了10万美元的保险单。因为他的话更有说服力，乔决定从他手上买下一份大额保险。

由此可见，产品的好处只有来源于亲身体验，才会比较容易说服客户。自己首先使用自己销售的产品有如下几个好处：

一是向客户传递一个正面的信息，表示所销售的产品是物有所值的。

二是可以增加客户的信赖感，因为营销人员使用自己销售的产品本身就是一种说服力。

三是给客户留下言行一致的印象。

(3) 扮演最刁钻的客户

在电话营销管理中，可以经常通过“角色扮演”的方式来磨炼营销人员的技能，通

过扮演最刁钻的客户，向营销人员提出各种关于产品、服务的问题，以此来不断提高营销人员的能力。通过角色扮演，营销人员可以揣摩客户可能会对产品提出什么问题，有什么要求，自己应该怎么回答，从而总结出常见的成交话术。

3. 把握好产品介绍的时机

在进行产品推荐之前，首先要询问客户时间上是否方便、是否有空。按照一般的做法，在通话之前，要先向客户预约时间，在通话时要询问客户是否方便。电话营销人员要懂得审时度势，要有意识地回避客户通话的高峰时间、业务繁忙时间以及生理厌倦时间，这样才能把握好有效推荐产品的时机，做到事半功倍。

(二) 产品介绍的心理策略应用

产品介绍也要讲究技巧，如何突出产品的卖点，并针对客户的需求顺利地把产品推荐出去呢？我们首先要了解产品介绍背后的心理学策略。本小节以FABE推销方法为例向读者简单介绍一下产品介绍过程中对心理策略的应用。有关产品介绍的心理学策略还有很多，有兴趣的读者可自行查找阅读。在工作中，还需营销人员根据企业的要求、所售产品特征以及客户的实际情况灵活运用。

FABE推销法是非常典型的利益推销方法，而且是非常具体的、可操作性很强的利益推销法。它通过四个关键环节，极为巧妙地处理客户关心的问题，从而顺利地实现产品的销售。

1. FABE推销法基本原理

(1) F(feature)代表特征

产品的特质、特性等最基本的功能，以及它是如何来满足客户的各种需要。例如从产品名称、产地、材料、工艺定位、特性等方面去深刻挖掘产品的内在属性，找到与其他产品的差异点。

营销人员要在日常工作中深刻发掘产品的特质，努力找到竞争对手和其他营销人员忽略的、没意识到的产品特性。当营销人员将产品独有的特点展现给客户时，自然会引起客户的兴趣，下一步的工作也就很容易展开了。

(2) A(advantage)代表优点

商品究竟发挥了什么功能，即客户“购买的理由”；与同类产品相比较，列出比较优势，或者列出这个产品的独特之处。可以直接、间接地去阐述，如更管用、更高档、更温馨、更保险等。

(3) B(benefit)代表能带给客户的利益

商品能够带给客户的好处。一切以客户利益为中心，通过强调客户得到的利益、好处激发客户的购买欲望。

(4) E(evidence)代表证据

可以证明产品优势的一切证据，包括技术报告、客户来信、报刊文章、照片、示范等，通过现场演示、相关证明文件、品牌效应等来印证前面一系列关于产品的介绍。所有作为证据的材料都应该具有足够的客观性、权威性、可靠性和可见证性。

总的来说，FABE原理就是在找出客户最感兴趣的各种特征之后，分析这一特征所产生的优点，找出这一优点能够带给客户的好处，最后提出证据。通过这四个关键环节的销售模式，解答消费诉求，证实该产品确能给客户带来的利益，极为巧妙地处理好客户关心的问题，从而顺利实现产品的销售诉求。

2. FABE推销法在电话营销中的应用

在电话营销过程中，我们推荐产品时，要按FABE的顺序进行介绍。也就是说，光介绍产品的某项特点是远远不够的，还要同时比较产品的优势和使用产品之后对客户的好处，而且尤其要注重对利益和好处的描述，这才是取得营销成功的关键。

以某品牌奶粉为例，该产品产自新西兰(F)，新西兰产地这个特点代表了天然绿色牧场，高免疫健康乳牛，这些特点相比较其他奶粉而言，具有绝对无污染、卫生、安全等优势(A)，这些优势给客户带来的利益就是客户吃了奶粉，非常安全、放心、质量有保证(B)。

在使用FABE法进行电话营销时，要注意如下几个原则。

(1) 实事求是

实事求是是在介绍产品时非常重要的一个原则。在进行产品介绍时，切记要以事实为依据，夸大其词、宣扬产品不存在的功能，甚至以谎言来欺骗客户，这些都是不可取的。因为客户一旦察觉到营销人员说谎，出于对自己利益的保护，就会对交易活动产生戒心，丧失继续与营销人员通话的耐心，从而导致交易失败。

(2) 简洁易懂

一种产品本身会包含许多元素，比如特性、成分、用法等。营销人员在介绍时可能会用到许多专业术语，但是客户的水平是参差不齐的，并不是每一个客户都能理解这些术语，所以营销人员要注意在介绍时尽量用简单易懂的词语或以形象的话来代替。在解说时要逻辑清晰、语句通顺，让客户一听就能明白。

(3) 主次分明

介绍产品除了实事求是、简洁易懂以外，还要注意主次分明。不要把关于产品的所有信息都灌输给客户，这样客户根本无法了解到产品具体的好处和优点，那便不会对产品感兴趣了。我们在介绍产品时，应该是有重点、有主次。重要的信息，比如产品的优点、好处，可以详细地阐述；对于一些产品的缺点、不利的信息我们可以简单陈述，而且这种陈述必须是有技巧的。

(三) 常用的产品介绍技巧

当客户对营销人员推荐的产品和方案表现出兴趣，并希望进一步了解时，营销人员在电话里一定要抓住仅有的几分钟进行说明。没有经验的营销人员习惯从自身产品的特点、优势出发，甚至在电话里攻击竞争对手的产品，尤其是客户原有供应商的产品，这是非常大的错误。如果营销人员只是关注自身产品的优点，而不能从对客户有哪些好处的角度来描述，那么即使产品特点再突出也可能无法引起客户的兴趣；如果一味攻击客户原有的供应商，就容易在客户心中造成你在恶意竞争的印象，同时也否定了客户当初做决定选择该产品的行为。那么，在电话的营销说明中，具体要应用哪些营销技巧呢？

1. 方案建议

在销售说明中，营销人员应该建立一个讲解解决方案的流程模式。通常营销说明流程是按问题概括、原因诊断、聚焦剖析、解决方案来进行的。那么，每个阶段具体如何说明呢？

在问题概括阶段，最好的说明方式就是和客户保持一致，重复客户的原话，如“正如您刚才在电话里谈到的……”进行概括总结，而且要条理化，如按“第一、第二、第三”的句型说明。

在原因诊断阶段，营销人员应该展现出自身的专业性或权威感，通常可用“××权威机构调查表明”或“根据我个人的经验，这种现象的产生主要是由于……”等句型。

在聚焦剖析阶段，应将问题分类、深化，最后总结症状，例如“总之，您目前面临的最大问题是如何在短期内改善销售业绩不佳的状况”。

在解决方案阶段，对于竞争对手较多的产品，可利用比较说明法来强调自身的优势。对于一般性的产品，还是使用FABE法来打动客户，找出隐藏在产品特征、优势背后的利益，客户关心的无非是企业的产品能否为他提高收入、降低成本或提高效率，如果营销人员进一步利用产品的特征和优势说明如何让客户的以上利益得到满足，获得订单的概率就会大增。

2. 以事实举例说明

利用第三方的例子进行说明，更加具有说服力。“第三方”指的不仅仅是老客户或产品使用者，还包括权威的行业分析报告、数据统计等。当客户怀疑你所说内容的真实性时，一般可使用“感觉”、“觉得”、“后来”等说明句型进行回复，比如“陈先生，我非常理解您现在的感受，我有个客户张先生，当他遇到这种情况的时候，他一开始也是这样觉得的，后来经过一段时间的使用……”或“根据权威流量统计报告显示……”等。

3. 转换正面词汇

在销售说明中，要特别注意将一些具有杀伤力的词汇进行转换，比如将“买”和“卖”换成“拥有”；将“签订合同”换为“接受服务”或“达成合作”；将“合同”换成“协议”或“表格”；将“但是”换为“同时”或“如果”等。这些都是营销人员应该注意锤炼的细节。

4. 应用对比技巧

对比是在营销过程中经常使用的技巧，成功的电话营销人员可以利用对比的方法来突出产品的优点，从而吸引客户购买。这种营销技巧的使用方法为：在通话时，营销人员指导客户，同时取出纸笔，画个“T”字形比较表，然后与客户一起讨论、评估，把所有的优、缺点分别记录在“T”字形表格的两侧。注意，在记录缺点时要控制数量，此时营销人员最好保持沉默，并且除非是非常明显的缺点，否则就不要列上去。这种分析方式看似繁杂，其实却是有效打动客户的心的方法，尤其是对那些犹豫、无法确定购买的客户更需要用这种方法帮他做决定。关于电话营销对比法的使用，要注意以下几点：

(1) 比较相同点一定要是产品的优点或客户的关注点，不能是缺点。

(2) 比较不同点一定要是产品的特性，而且是竞争产品所没有的或者是无法相比的。

(3) 比较对象应该是客户了解的产品，对于客户不了解的新产品，比较也没有意义，不会引起客户的共鸣。

(4) 最好是找一个最著名的同类产品做比较，既要找出相同点，又要区别不同的地方。

一般当客户认同了一个产品之后，往往想要货比三家，以确定自己选择的正确性。为了避免客户花时间去比较，电话营销人员需要事先做一份同类产品的比较表，一方面帮助客户尽快了解类似产品的价格；另一方面体现自身产品的优势，快速促进成交。

5. 应用数字化技巧

数字化技巧是非常重要的电话营销技巧，如果营销人员善于将产品利益数字化，或是强调数字(利益)，将会使得产品说明更加清楚、更具说服力。在使用数字化技巧时，主要有如下几种方法。

(1) 费用极小化：使用“每天只要××钱”的方式，让客户有便宜、划算的感觉。

(2) 利益极大化：使用“一年下来节省××钱”的方式，让客户感觉有很大的好处。例如：

“陈先生，我们净水机的价格是很经济合理的。我尝试着替您算了一下，一般的品牌每半年就要换两支滤芯，每次收费3000元，5年就要30 000元，我们5年才需要

12 500元。所以，我们机器的价格虽然贵了6000元，但是，这样算下来您还是省了11 500元，不是吗？”

(3) 将百分比换成明确的金额，这样感觉更直观。例如：

“陈先生，您算一算，我们的贷款利率低了3%，以您现在还有320万元的余额计算，一年就可以帮您节省96 000元。”

6. 比拟描绘的技巧

所谓比拟描绘的技巧是指对客户可期待的利益进行描述，借此激发准客户的热情以达成合作的技巧。例如：

“陈先生，平时100元对您来说应该不会派上多大的用场，存了一个月变成3000元、一年变成36 000元，想必对您来说还是没什么大用处，对不对？但是，您有没有想过，当你存了10年变成36万的时候，这36万元可以帮您完成多少梦想或计划——到澳洲游学两个月、买辆小汽车、贴补小孩出国留学的基金、全家到欧洲旅游……”

使用比拟描绘法要注意的是，如果让客户牺牲自己的喜好来换取产品，将会适得其反。所以，电话营销人员就要事先了解客户有哪些兴趣、喜好，再结合这些特点进行营销活动，才可以让客户产生认同感。

7. 讲故事的技巧

最棒的营销人员在进行产品介绍时，有一个突出的特点，那就是每次和新客户交流时，都会搬出一个一个他曾经碰到过的案例，不讲任何有关产品的问题，只谈如何成交的经历，非常会讲故事；而且能够将深奥的道理通过简单易懂的故事表现出来，让客户觉得和他交流起来非常有趣。会讲故事的电话营销人员平时都很爱学习，或很爱积累相关素材，所以在销售实战中才能做到信手拈来、侃侃而谈。

8. 以理服人的技巧

有句老话叫做“摆事实、讲道理”，电话销售人员能否在客户面前展现出专业的形象，很大程度上取决于对产品知识、应用原理的理解和掌握。光说产品的特点、优势已经不能引起客户的兴趣了，更重要的是要说出特点背后的道理和原理。例如，一名销售宽屏笔记本电脑的营销人员，如果他只是简单描述电脑是宽屏的，那不足以打动客户；如果营销人员对客户说使用宽屏可以消除视觉疲劳，原因是眼睛上下移动的速度比左右移动的速度慢，所以宽屏看起来视力不容易疲劳，这样既阐明了宽屏电脑对客户的好处，又说明了其中的道理和原理，使客户觉得营销人员既贴心，又有理有据，并且了解了产品的优势，从而达成交易。

(四) 产品介绍的注意事项

1. 不要攻击竞争对手的产品

当竞争对手的产品的确比自己的产品更具有优势时，有些电话营销售人员只能表现出两种态度：一是摆出一副置之不理的样子，明确表示“那您就买他们的产品吧。”二是无中生有地捏造出一些竞争对手的坏话，例如：“那家公司的产品投诉特别多，您真要当心了。”“他们的材料和做工都是找人代工的，质量无法保证。”

以上这两种方式都不是上策，特别是后一种做法，容易让客户产生逆反心理，这是因为：

(1) 有可能客户与您的竞争对手有某些关系，比如，现在正在使用他们的产品，并且认为产品不错，电话营销人员贬低竞争对手的产品就等于是变相讽刺客户没有眼光。

(2) 当竞争对手的市场份额或销售情况不错时，不切实际地贬低竞争对手，只会让客户觉得营销人员不可信赖。

(3) 随便贬低竞争对手，客户会认为电话营销人员心虚或品德有问题。

那如何做才是正确的呢？

(1) 在谈论竞争对手时，不必采取完全回避的态度，当客户询问竞争对手的有关信息时，电话营销人员不仅要坦诚地告诉客户自己所了解到的真实信息，而且还要表达对自己产品的信心。

(2) 有技巧地转到自身产品的优势上来。首先不要否定竞争对手的优点，而是要赞美客户的选择是有眼光的，然后也同意对手的优点，然后问问客户的看法，对竞争对手的产品是否足够满意，是否有可以改进的空间，引导客户主动说出对竞争对手产品的不满之处，然后再聚焦自身产品的优势卖点进行讲解。

2. 避免使用专业术语

俗话说“话不投机半句多”，说话关键要对路、要舒服，即简单、易懂、合适。营销人员不要总是使用专业术语，这样容易使客户因听不明白而放弃交易。其实在营销工作中，不管用什么语言、什么技巧，只有能让客户听得明白，产品介绍才会达到预期的效果。

3. 杜绝敏感性话题

对于一些与销售产品无关的话题，特别是一些政治、宗教、个人隐私等涉及主观意识的敏感性话题，电话营销人员最好不要参与讨论，处理不当的话，很容易引起客户的不快甚至其他不必要的麻烦。有些电话营销新人，涉入这个行业时间不长，经验不足，在与客户交谈的过程中，无法掌握客户的话题，跟随客户讨论一些主观性的议题，结果往往是不仅业务没谈成，还耽误了服务其他客户的宝贵时间。而有经验的电话营销人员，在处理这类主观性议题时，开始会随着客户的观点展开一些议论，但讨论中会巧妙地将话题引向自己推荐的产品上来。

4. 不批评客户的观点

人人都希望得到别人的肯定，都喜欢听好话。有谁愿意被人批评呢？所以，电话营销人员与客户沟通时，应多说赞美的话语，即使客户有错误，也要顾及客户的颜面，不能随便批评，而是应该以委婉的话语、共同学习的姿态与客户进行探讨，切忌出口伤人。同时，也要注意赞美需适度，否则容易给客户留下虚伪造作、不够真诚的印象。

五、异议处理流程

异议处理，也被称为反对意见处理。在营销对话中，出现反对意见非常正常。面对反对意见营销人员不应该感觉懊恼，而是应该将其视作解决客户的疑问、加强信任的推进器。事实上也是如此，当客户将一个个问题抛给你时，你都能应付自如，那么，客户对你的信赖程度自然会逐步加深。不过，有些反对意见是客户的习惯抵抗反应，你可以忽视；但如果是真的反对意见，你一定要注意，要及时解决，让客户满意，所以有必要学习一下如何正确处理客户的反对意见。

(一) 异议处理的定义与分类

异议处理就是将客户的疑问、不满完全解答的过程。通常客户在做决定购买的过程中，一般都会提出异议，如果营销人员不能够将异议处理得让客户满意，就很难实现销售。营销人员应该将客户的不满、疑问和拒绝视为机会，以为客户服务为原则尽量将客户提出的异议处理得当，这样我们在销售方面反而会更有主动权。根据发生的原因，常见的异议处理分为不相信类、不正确类和不满意类，其中不满意类别的异议处理是最多的，也最难克服。

(二) 应对异议处理的心理策略

如前文所述，人们容易产生异议，其根本原因是人天生的逆反心理、习惯性懒惰、喜欢拖延，以及不喜欢做决定、曾经不佳的购买体验等导致的。那么我们应该如何应对这些反对意见呢？

1. 学会认同

当面对拒绝、反对意见时，营销人员首先要有“客户是上帝”的理念，要学会认同客户，认同客户是建立信赖感、达成交易的桥梁。要做到这一点需遵守几个原则：第一，

"客户永远是正确的"，即客户说出的话都是有目的和原因的，营销人员应站在客户的立场考虑问题；第二，沟通的最终目的是双方要达成一致，完成交易；第三，沟通中要善用肯定认同的技巧。

营销人员在沟通过程中，不要轻易否定客户的看法，即便对方吹毛求疵，也要让他把话讲完，等客户讲完之后，营销人员应首先认同客户的意见和观点，并针对客户的疑问进行解答，使客户得到满意的答复并促成交易。一般常用的认同客户观点的语句大致有如下几种：

(1) "那很好，那没关系！"

(2) "您这个问题问得太好了！"

(3) "您讲得很有道理。"

(4) "我理解您的心情。"

(5) "我明白您的意思。"

(6) "我认同您的观点。"

(7) "我尊重您的想法。"

(8) "感谢您的建议和意见。"

(9) "我知道您这么做是为了我好。"

2. 了解客户拒绝的原因

在电话营销过程中，遇到拒绝和各种反对意见是司空见惯的，面对客户的拒绝，营销人员首先应该调整好自己的心态。如果我们无法以正确的态度面对拒绝，那就没有办法使用任何技巧，所掌握的产品或服务知识当然更是无用武之地。

营销人员应该明白客户本来就有拒绝被推销的权利和情绪，要学会换位思考，考虑如果自己是客户被别人推销会是什么感觉，理解对方的感受。其实很多情况下，客户拒绝的往往不是产品本身，可能是由于他的情绪不好，甚至只是因为他不喜欢电话营销人员的态度、语气等。因此，我们在面对拒绝时要有以下几个基本的认知：

(1) 每一个人都有拒绝被推销的权利和情绪；

(2) 客户可能是在拒绝你的营销方式，而非产品；

(3) 拒绝可能是准客户当下的反应，不一定代表永远拒绝；

(4) 拒绝可能是因为准客户不了解产品的好处；

(5) 拒绝可能只是一种自然的反应；

(6) 拒绝也许是销售的开始，分析拒绝的原因，找到解决方法；

(7) 处理反对意见的目的就是为了促成交易，而不是为了赢得辩论，因此必须要有处理问题的耐心，并维持基本的礼仪；

(8) 处理反对意见的技巧并没有使用上的顺序问题，要见机行事。

在了解以上内容的基础上，我们面对拒绝时应该：

(1) 明白拒绝是正常的，不要让它影响了情绪和心情；

(2) 换位思考，想象自己作为客户的感受；

(3) 要继续拨打电话，把可能的客户尽快地找出来；

(4) 统计一下被拒绝的次数，如果超出正常范围，应在自身的营销方式、语言表述、态度等方面寻找原因，尽快改善。

3. 学会引导客户

很多客户由于片面的认识而拒绝推销，作为电话营销人员要学会引导客户的思路，而不是简单解释，甚至与客户辩论。我们要善于引导客户，使其不断发现产品的优点。比如客户觉得产品太贵时，营销人员可以这样应对客户："正是因为产品的价格贵，我们才觉得这个产品特别适合您这样的客户。"然后为客户解释价格贵是因为包括服务的成本、维护的成本、进口高质量材料的成本等，满足客户被尊重的需要，同时给客户一个物有所值的感觉。

(三) 常见的异议处理技巧

在实际的电话营销流程中，我们经常采用的异议处理技巧如下：

1. 认同+陈述+反问

这是经典的异议处理公式。不论客户说出任何反对意见，营销人员都要先学会认同，而不要马上纠正客户，这是沟通中的忌讳。这里所说的"认同"，不是一味赞同客户的意见，而是一种礼貌和过渡。

在认同之后，再说出你的答案，不同类型的反对意见有不同的处理模式。对于客户不正确的意见，营销人员要用正确的信息进行纠正；对于客户的不信任，营销人员要学会用第三方或权威机构出具的事实进行论证说服。

在所有的反对意见中，数量最多的就是不满意类了。对于不满意类的客户，他们大部分是看到了或感觉到了产品的不足之处，但有可能没看到产品的优势。所以营销人员首先要学会承认客户的意见，赞美客户的专业和细心，并感谢客户。客户心里也清楚：世界上肯定没有十全十美的产品或服务，一定是尺有所短，寸有所长的。营销人员只要强调自身产品和服务的优势，并说明该优势对客户的好处，让客户不再纠缠在弱点上，而是以更高的角度看待选择该产品或服务能够为其带来的利益。有的时候，主动暴露自己的不足反而能为企业的诚信加分。在处理不满意类的反对意见时，经常用到的话术有很多：

(1) "是的……如果……"

假设我们在做办公用品配送服务的时候，客户要选择长期合作供应商。

客户："你们的送货时间太长了。"

营销人员："王总，您服务条款看得真仔细，如果天气情况特殊，我们也有相应的规定……"

"是的……如果……"这种方法通常适合处理发生特殊情况，或超出公司能力范围的情况，例如客户对服务的投诉等。

(2) "是的……同时……"

如当客户在选择内训课程时。

客户："你们的培训价格太高了。"

内训顾问："是的，王总，我们公司的价格的确比同行要高出30%。同时，为保证培训效果，需要向您说明的是，我们的内训服务项目也比一般的公司要多出一周的跟踪教练学员的服务……"

(3) "是的……同时……"

这种方法适合客户只看到了片面性的问题，而忽视了整体的利益。

陈述之后，通话并没有结束，一定要记得反问客户，以寻求客户的反馈，并确认自己所讲的内容客户有没有听明白，然后再根据客户的反馈进行下一步沟通。

2. 尽量避免用"但是"、"可是"

当电话营销人员应用了认同的技巧之后，很多人习惯用"但是"、"可是"等类似转折性比较强的词语。使用这两个词给人的感觉好像是对前面认同的一种否定，所以应尽量避免采用这种词汇，可以用"并且"、"而且"、"需要特别说明的是"或者"同时，我需要强调的是"这样有递进关系和强调性质的词语，然后继续陈述意见和说明。

3. 3F技巧

在进行客户异议处理时，3F技巧是经常使用的方法。3F是指感觉(feel)、感受(felt)和发现(found)。3F技巧的应用如下：

(1) 以第一人称为例来说明3F技巧的应用

"陈总，我理解您为什么有那种感觉。"(感觉)

"我开始也有这种感受。"(感受)

"我调查过我们产品的价格比××公司稍高的原因，并发现我们比较受欢迎。"(发现)

(2) 以第三人称为例来说明3F技巧的应用

"陈总，很多客户和您有一样的感觉。"(感觉)

"我们其他的客户刚开始也觉得没什么把握。"(感受)

"但在他们的员工经过培训之后，发觉业绩居然提高了1/3。"(发现)

电话营销人员在使用这个技巧时，要在情感上和客户保持一致，认同客户，然后向其展示使用后得到的好处，从而引导谈话向有利于销售的方向发展。在应用这个技巧的过程中，产品的应用案例一定是实事求是的，可以调整并转换成自己的语言来表述。注意在解决同一个问题时，在不同的时机需要采用不同的说法。

4. 忽视法

所谓忽视法，顾名思义，就是当客户提出一些反对意见，但并不是真的想要获得解决或讨论时，如果这些意见和眼前的目的扯不上直接关系，营销人员只要认同他的说法就可以了。

对于一些“为反对而反对”或“只是想表现自己的看法高人一等”的客户意见，营销人员只要让客户满足了表达的欲望，就可采用忽视法，迅速地引开话题。

采用忽视法时，常用的话术技巧如下：

“是的，不错！”

“没想到王总这么有研究！”

或者幽默地附和一下，等等。

5. 以彼之道，还施彼身

该方法的含义是由客户的反对意见作为客户购买的主要理由进行说服。基本做法是当客户提出某些不购买的异议时，营销人员能立刻回复道：“这正是我认为您要购买的理由！”如果营销人员能立即将客户的反对意见直接转换成为什么他必须购买的理由，则会收到事半功倍的效果。这个方法在保险业经常使用。

客户：“小陈啊，我工作一般，收入不多，没有钱买保险。”

营销人员：“就是因为收入少，才更需要购买保险，以获得保障。”

6. 以退为进的技巧

以退为进的技巧是指当营销人员尝试促成交易却被客户拒绝时，与其勉强甚至直接反驳客户，不如先转移话题，让准客户认为你不会再继续说服他购买，等到双方情绪有所缓解之后，再继续尝试说服客户购买。下面以电话销售保险为例说明这一技巧的具体应用。

客户：“谢谢你的介绍，不过，我真的对保险没有兴趣。”

营销人员：“是的，陈先生，我了解您的意思，既然陈先生没什么兴趣，我当然也不能勉强您。只是我要说明的是，填写投保书之后，保险公司还要核保、缴费之后保险才会生效。就像前两天我有一个客户本来觉得自己很健康，没想到体检没有通过，这位客户才开始警觉自己的健康问题，也更认同必须要趁身体健康的时候投保了。”

7. 补偿法

补偿法就是当客户提出的反对意见的确是产品或服务存在的缺陷时，电话营销人员应该承认并欣然接受，然后淡化处理，利用产品的优势来补偿甚至抵消这些缺点。使用这种方式的关键目的是让客户产生两种感觉：第一，产品的价值与售价一致；第二，产品的优点对客户来说是重要的，产品的弱点对客户而言是不太重要的。

客户：“这东西质量不好。”

营销人员：“先生，产品的质量的确是有点小问题，所以我们才给出这样优惠的价格，而且公司还确保产品的质量不会影响您的使用效果。”

这样做既打消了客户的疑虑，又以价格优势激励客户购买。这种方法侧重于心理上对客户的补偿，使得客户获得心理平衡。

8. 化整为零法

化整为零，是专门针对价格异议的一种营销策略。化整为零是指在客户认为价格太高、一次付款太困难的情况下，电话营销人员可以和客户一起计算，把较高的价格按照产品的使用寿命或按份额进行分摊，这样客户可能会比较容易接受分摊后的价格。以下列对话为例，来说明该种技巧的应用。

客户：“你们这台复印机的价格太贵了。”

营销人员：“陈总，那么您能接受的价格是多少呢？”

客户：“我们在这方面的预算为8000元。”

营销人员：“陈总，如果这2000元的价格问题得到解决的话，我们是不是就可以签单呢？”

客户：“应该是这样。”

营销人员：“那好，我们来认真探讨一下这个问题。假定您拥有这种高速复印机，您认为能用5年吗？”

客户：“差不多这样。”

营销人员：“好，我们来算笔账，2000元除以5，每年就是400元，复印机在你们公司每年能使用50周，那么每周就是8元，对吧？”

客户：“对。”

营销人员：“我了解到贵公司周末还常常加班，也就是说每周使用7天也是比较合理的，这样，8除以7等于多少？”

客户：“1.14元。”

营销人员：“每天只需多花1.14元，就能买一台超能复印机来提高产量、增加利润，您不觉得这样做很值得吗？”

客户：“这样看来还是很值得的。”

电话营销人员应用这样的方法，就是要让客户的注意力从一个较大的数额转移到一个容易接受的小数额上来。当电话营销人员成功地应用这种方法时，客户一般不会为了一个小数额而斤斤计较，这时成交的目的也就会实现了。

六、邀约成交流程

由于电话营销有“一段式”和“二段式”之分，所以对应的流程也有适合“一段式”直接达成销售的成交流程，以及适合“二段式”的邀约流程。两者的目的不一样，前者是直接销售，后者是约见目标客户。所以在电话营销的最后促成环节，如果是一段式销售，其最后环节的主要目标就是成交；如果是二段式销售，其最后环节的主要目标就是邀约。

（一）勇于提出促成要求

经过前期的营销工作，当促成时机成熟，电话营销人员千万不要犹豫，要敢于提出完成交易的要求，只有这样才会真正达到销售的目的。在工作中，很多电话营销人员在开场和挖掘需求等阶段都做得不错，可就是不敢主动向客户提出成交要求，结果功亏一篑。如果一个电话营销人员没有勇气开口要求客户购买产品的话，那是无法做好销售工作的。要做到这一点，电话营销人员必须先了解自己所销售的产品，相信自己的产品，只有相信才有足够的理由和勇气说服客户购买，成功销售产品。

（二）抓住成交时机

1. 当客户对产品感兴趣时

当电话营销人员清晰、明确地向客户介绍完产品的特点之后，客户对产品的优势格外感兴趣，此时是提出成交的一个重要时机，必须认真把握。举例如下：

“能谈谈你们的产品是如何降低成本的吗？”

“你能再说一遍吗？我需要拿笔记本记下来。”

“是吗？×××公司刚刚引进了你们的课程吗？我和他们的经理很熟，我会从他那里再了解了解。”

当客户对产品感兴趣时，往往通过如下几个信号表现出来：

(1) 频繁询问产品的功能以及为其带来的利益；

(2) 口若悬河，积极参与到对产品的讨论之中；

(3) 表现出专心倾听的态度；

(4) 电话里不时地传出笑声。

2. 当客户的异议得到满意的答复时

有时客户虽然对产品有兴趣，但常常会提出很多意见，如对产品挑三拣四、对产品销量提出质疑、对产品的某些细微问题表达不满等。当电话营销人员解释完客户的反对意见后，此时最需要做的就是果断地向客户提出成交要求，例如可以用温和的语气说："您看，现在基本上没有什么问题了，那我们就这么定下来吧？"

3. 当客户在询问一些细节性问题时

当客户产生了购买意向之后，如果电话营销人员细心观察、认真琢磨，往往可以从他对一些具体信息的询问中发现成交信号。如客户询问一些比较细致的产品问题，如询问产品的功能和使用方法、相关赠品、售后服务细则等。

4. 当客户主动询问产品价格时

如果客户在电话里主动问到价格是多少，现在购买有什么优惠，或者以种种理由要求降低价格时，这些都是非常有利的成交信号。大多数想要购买的客户都会要求价格上的优惠，但电话营销人员不能轻易让步，此时可以反问对方购买的数量，然后根据数量来考虑价格与折扣，这样会让客户认为商品物有所值，同时也得到了实惠。

(三) 常见的邀约成交技巧

1. 直接成交法

直接成交是一种直截了当的成交方式，在这种情况下，电话营销人员获得的肯定与否定的概率是相同的，都是50%，其成功率并不算高。实际上，如果营销人员使用恰当的措辞会有助于成交。例如："根据您的情况，可以上3月9日的公开课'电话营销管理'，您这边今天能决定吗？"

直接成交法特别适合于以下几种情况：

(1) 已经建立良好关系的老客户。

"陈总，大家都是老朋友了，我们刚推出了优惠政策，您这个月再多进进货吧。"

(2) 客户询问细节问题，发出购买信号，但还在犹豫是否做成交决定。

"这种空调是新产品，非常实用，厂家正在搞促销活动，现在买可以享受7折优惠，同时还可以3年内免费维修，您要不今天就订购一台吧？"

(3) 在解除客户的疑问后。

"正如我刚才和您解释的，您也充分了解了我们这个保健品的独特之处了，您的症状正好也是我们产品所针对的，您不妨就买这一型号的吧？"

2. 假设成交法

日本丰田公司曾经这样培训加油站的员工，即要求员工走到客户身边开口便问："我给您装满X牌汽油还是Y牌汽油？" 这句话中含有两个假设：首先是装满；其次是问客户需要两种品牌中的哪一种。即加油站的员工问话是以假定客户决定购买为前提的，无论客户回答选择哪一种，都表示客户已经决定购买。

丰田的方法是假设客户在决定购买的情况下，直接过渡到购买后的选择上，例如"您是用现金还是支票？""您是上公开课还是内训？"

还有一种假设成交，是试探客户是否还有其他疑问，相比上面的方法要更缓和一些。例如："陈先生，如果您这里没有其他问题的话，您看什么时候可以安排您的老板来听一下我们的课程呢？"

在电话中，要根据客户的性格灵活使用。对有些比较有个性、顽固的客户，建议用第二种方法；如果客户性格比较温和，但只是不确定，可以用第一种方法推动他快速做决定。

假设成交法特别适合以下几种情况：

(1) 依赖型客户和性格随和的客户；

(2) 明确发出了购买信号的客户；

(3) 对产品表现出兴趣，没有异议的客户；

(4) 多次购买过产品的客户。

3. 选择成交法

选择成交法也称有效选择成交法，是指电话营销人员为客户设计出一个有效成交的选择范围，使客户只在有效成交范围内进行成交方案选择的一种技巧。电话营销人员所提供的选择事项应让客户从中做出一种肯定的回答，而不要给客户拒绝的机会。为客户提供选择时，尽量避免提出太多方案，最好是两项，最多不要超过三项，否则可能无法达到尽快成交的目的。选择成交法可以减轻客户的心理压力，制造良好的成交气氛。从表面上看，这种成交法似乎把成交的主动权交给了客户，而事实上是让客户在一定的范围内进行选择，可以有效地促成交易。举例如下：

"陈总，从培训的内容来看，培训时间最好安排在这个月的12号到15号或下个月1号到3号，哪个时间段对您比较方便呢？"

"这种商品，共有三个款式，您看哪一种合适？"

"您是想一次性付清，还是分期付款？"

"您是只需要一种，还是两种产品都订呢？"

4. 刺激成交法

为了加速成交，产品的推广方案中经常会使用各种促销的策略和方法，如积分、代币类赠品(如充值卡)、限量发售、限期发售等。电话营销人员要学会巧妙应用这些策略。

在实际的促成过程中，营销人员可以把客户最感兴趣，或能促进其决定购买的优点暂时保留一两项，不要一下子全都拿出来，等到时机成熟时才向客户说明。这样做有益于刺激和促进客户决定购买的意志。这一成交方法称为刺激成交。

刺激成交法在应用时应该注意以下问题：

(1) 要营造一定的成交氛围，向客户强调成交机会实在难得，失去机会等于损失更多的利益。

(2) 直接提示成交机会，刺激客户对产品产生急切的购买欲望，以促使其立即采取购买行动。

(3) 所选择和利用的机会一定要属实，不能欺骗客户。

第八章

电话营销后续跟进与服务

第一节　电话营销人员的素质与礼仪规范

交易完成营销工作并没有结束，相反，成交是营销工作的开始。其实，电话营销人员要想长期发展，必须认识到销售产品或服务只是工作的一部分，而长期的客户关系管理也是非常重要的。为了做好专业的售后服务和跟踪服务，我们必须掌握作为一名专业的电话营销人员应该具备的素质与礼仪规范。

一、电话营销人员的素质标准

1. 积极的心态

电话营销人员应随时保持积极、乐观的心态，这样会使电话营销人员的声音听起来很积极而且有活力，这对做好销售工作十分有利。

2. 热情

电话营销人员应时刻保持高度的热情，这种热情可以感染客户，使其乐于与电话营销人员交流、直至成交。

3. 自信

电话营销人员应时刻保持自信，无论是对企业的产品和服务，还是对自己的工作能力都能充分地信任。在与客户通话时，语气上、措辞上要是肯定的，而不应该是否定的或模糊的，只有这样客户才能信任营销人员，进而购买企业的产品或服务。

4. 节奏

节奏包括两方面内容：一方面是指电话营销人员自己讲话的语速；另一方面是电话营销人员对于客户所讲问题的反应速度。电话营销人员在与客户通话时，要使用标准语速，既不能太快，也不能太慢，太快的话可能会使客户听不清楚；语速太慢可能会还未说完，客户就已失去耐心。

5. 语气要不卑不亢

营销人员在与客户通话时要保持不卑不亢的态度，即不要让客户感觉营销人员总是以乞求的态度求他购买，这样会让客户觉得产品或服务的质量有问题；也不要让客户感觉到营销人员盛气凌人。

6. 合适的语调

(1) 语调不能太高，太高的语调可能会因为过于刺耳而导致客户不悦；也不能太低，客户可能听不清。如果是男声，低沉、宽厚、有力的声音会更具有吸引力；如果是女声，温柔、甜美的中音会更有影响力。同时，讲话时要注意抑扬顿挫。

(2) 太过平淡的声音可能会分散客户的注意力，使其产生厌倦心理。在重要的词句上，营销人员要用重音来代表所述内容的重要性。

7. 音量

(1) 在通话时，营销人员要注意音量不能太大，太大或太强的声音会让客户产生抵触心理，觉得服务人员太强势，有被强迫推销的感觉。

(2) 声音太小或太弱会令客户觉得营销人员缺乏信心，导致客户不信任营销人员，并且拒绝购买产品或服务。

(3) 通话时，话筒的位置也很重要，不要将话筒直接对着嘴部，要放在嘴的左下角，这样对保持正常的通话音量和提高音质有很大的帮助。

8. 简洁

电话营销人员在与客户通话时尽量不要谈及太多与业务无关的内容。为了与客户建立良好的关系，适当地谈一些与个人有关的内容是有必要的，但要注意适可而止。不要耽误营销人员自己的工作时间，也不要占用客户太多的时间。

9. 停顿

在通话中，停顿可以有效吸引客户的注意力；停顿可以让营销人员思考下一步应用的话术，并且留下一些让客户思考的时间；停顿也可以让客户主动参与到电话沟通中来。

10. 微笑

虽然在电话中，客户看不到电话营销人员，但微笑却可以改变我们的声音，同时也可以感染在电话线另一端的客户。微笑不仅可以使电话营销人员充满自信，同时也将欢乐带给了客户。

二、电话礼仪规范

1. 通话前准备

(1) 在接听电话时，呼叫中心的客服人员应保证能够迅速地接听，对待打错的电话应礼貌地回应。

(2) 在拨出电话之前，电话营销人员应打好腹稿，表达准确，简明扼要。

2. 通话中的礼仪

(1) 接听电话时，营销人员应在铃响三声内接听，使用礼貌用语并报上自己的名字，如“早上/中午/晚上好，××企业，我是××，请问有什么可以帮您？”

(2) 打电话时，电话营销人员注意不要先问对方姓名，应适时询问客户：“先生(小姐)，请问您贵姓？”

(3) 礼貌称呼客户并正确回答客户提出的问题，如“××小姐/先生，您好，关于……”如未正确领会客户意图需主动与其确认，“××小姐/先生，您好，您是说(您的意思是)……”

(4) 需要客户等待时，电话营销人员应告诉客户“为什么”并要取得客户的同意，给客户一个等待时限。

(5) 在客户等待过程中，电话营销人员应与客户适当地谈论相关的话题，使得客户知道营销人员没有忘记他们。

(6) 在转接客户的电话时，电话营销人员应向客户解释为什么电话需要转接，并取得客户的同意。

(7) 转接电话时，应确保被转接电话处有人接听。

(8) 被转接人接听电话后应感谢客户的等待，如“××先生(小姐)，不好意思让您久等了，就您所提到的……”

(9) 转接电话接听后，需告知客户被转接电话人的姓名。

(10) 确认客户信息时，应主动请求客户留下详细信息，如名字、电话、住址等，并重复信息让客户确认，检查所留信息是否正确。

(11) 记录客户信息时服务人员应正确拼写客户的姓名，记下客户的电话号码并确认准确无误。

3. 结束电话的礼仪

(1) 在结束通话之前，电话营销人员应主动询问客户是否还有其他问题需要帮助，并感谢客户来电，欢迎客户随时致电。

(2) 结束通话时，让客户先挂断电话，并轻轻放下话筒。

第二节 如何处理客户投诉

一、处理客户投诉的原则

在售后服务中，客户投诉这种情况是非常多见的。最常见的投诉是客户在购买产品后，因为之前不注意或没听清细节而发生使用错误而导致的不满。出现投诉是难免的，但要控制在一定的范围内。面对客户的投诉时，企业必须探究其发生的原因，加以改善，并防范再次发生的可能。

在处理客户的投诉时，电话营销人员一定要注意态度认真，有礼貌，并且能够尽快解决客户的问题，不要因此导致公司形象受损。其实，除了产品的问题，很多投诉是由于客户的情绪或性格导致的，所以在接听客户的投诉电话时，要非常有耐心，先处理心情再处理事情，一定要让客户发泄完自己的不满，再开始处理产品或服务方面的问题。

二、处理客户投诉的关键步骤与技巧

处理客户投诉是电话营销售后服务中的一项重要工作，如何平息客户的不满，使客户“转怒为喜”，是企业获得客户忠诚的一个重要手段。处理客户投诉具体包括如下几个步骤。

步骤一：控制情绪。

步骤二：倾听客户诉说。

步骤三：理解并安慰客户。

步骤四：对客户所遇到的状况表示歉意。

步骤五：提出应急和预见性的方案。

(一) 控制情绪

1. 控制情绪的目的

当客户打来投诉电话时，往往心情不好，情绪都会比较激动，可能会对营销人员进行训斥甚至谩骂，此时电话营销人员一定要控制自己的情绪。面对客户的指责，有些营销人员会因此感到愤怒，觉得自己受到了羞辱，因此会因一时冲动与客户发生冲突，这样做的后果是不但企业失去了客户，电话营销人员也会遭到处罚，如批评、罚款甚至被辞退；而有一些营销人员因受到客户的训斥，导致其难过、伤心、惧怕接听电话，甚至离职。这些结果对于企业和营销人员来说都是损失，因此营销人员要学会控制自己的情绪，懂得客户的愤怒并非针对自己，调整好心态，准备为客户提供下一步的服务。

2. 控制情绪的原则

电话营销人员在接听投诉电话时，要牢记这样一个原则：可以不同意客户的投诉内容，但不可以不同意客户的投诉方式。客户投诉是因为他们的需求没有被满足，所以电话营销人员应该要充分理解客户的投诉和他们表现出的失望、愤怒、沮丧、痛苦或其他过激情绪等。

3. 控制情绪的有效技巧

下面是一些应对客户投诉，能帮助电话营销人员有效平复情绪的小技巧。

(1) 深呼吸，注意呼气时不要大声叹气，避免给客户留下不耐烦的印象。

(2) 思考客户投诉的问题的严重程度。

(3) 如果可能的话，电话营销人员可以给自己争取点时间。如“我需要调查一下，十分钟内给您回电。”“我需要两三分钟时间同我的主管一起商量如何解决这个问题，您是愿意稍等一会儿呢，还是希望我一会儿给您打回去？”注意一定要确保在约定的时间内回复客户。

(二) 倾听客户诉说

员工的情绪平复下来以后，需要客户也镇定下来才能解决好问题。先别急于解决问题，应该先抚平客户的情绪，然后再来解决客户的问题。

1. 倾听客户诉说的目的

为了更好地服务客户，电话营销人员首先要了解客户情绪的来源是什么，即他们为什么投诉。认真、仔细地聆听客户愤怒的言辞，做一个好的听众，让客户有一个发泄不满的机会，辅以语言上的安慰，对为客户带来的麻烦道歉，声明一定会提供帮助，表示出与客户合作的态度。这样做既让客户将愤怒一吐为快，也为后面提出解决方案做好准备。

2. 倾听客户诉说的原则

电话营销人员倾听的不仅是客户表现出的情绪和语言，还有隐藏在情绪背后的事实，即客户投诉的原因。要遵循的原则应该是在倾听中理解客户，并找出客户的诉求点，为其服务。

3. 倾听客户诉说的有效技巧

在客户很恼火时，有效、积极的倾听是很有必要的。

(1) 全方位倾听。电话营销人员在倾听客户的陈述时，要充分调动左右脑、直觉和感觉来听，并比较所听到、感到和想到的内容的一致性。

(2) 不要打断客户。要让客户把心里想说的话都说出来，这是最起码的礼貌。中途打断客户的陈述，可能会遭到客户的反感。

(3) 让客户知道营销人员非常重视他的意见，并且一定会认真处理。

(4) 明确对方的话。如果电话营销人员对于客户投诉的内容不是很清楚，就需要请对方进一步说明，以免因误解延误了帮助客户解决问题的时间。请客户重新说明时注意措辞要委婉。

(三) 理解并安慰客户

营销人员在听完客户的投诉以后，应站在客户的立场，理解他们的心情，并对其进行安慰，以平复客户的情绪。

1. 理解并安慰客户的目的

对客户的遭遇深表理解，这是化解客户怨恨情绪的有力武器。当客户投诉时，他最希望自己的意见受到对方的尊重，被别人理解。电话营销人员在处理投诉时，一句体贴、温暖的话语，往往能起到安慰客户的作用。

2. 理解并安慰客户的原则

安慰客户的前提是换位思考，真诚地理解客户，如“如果我是客户，碰到这种情况，我会怎么样呢？”只有站在客户的角度，想客户之所想，急客户之所急，才能与客户产生同理心，真心地理解客户的苦恼，并以恰当的语言安慰客户。

3. 理解并安慰客户的有效技巧

(1) 复述内容。营销人员可用自己的话重述客户投诉的原因，描述并稍微夸大客户的感受。

(2) 对感受做出回应。营销人员应将从客户那里感受到的情绪说出来。

(3) 模拟客户所遇到的情境，换位思考。想象一下，如果我们遇到与客户相同的情境时，会做出什么样的反应。

(四) 对客户所遇到的状况表示歉意

1. 表示歉意的目的

电话营销人员聆听了客户的投诉，理解了客户投诉的原因以后，那么就有必要对客户所遇到的状况表示歉意，从而安抚客户的情绪。

2. 表示歉意的原则

(1) 不要推卸责任。当问题发生时，很多人的第一反应是逃避责任，或者将原因归咎给别人。许多营销人员都会犯这类错误，接到投诉电话，第一时间是推卸责任，认为是同事的错、是顾客的错，这么做只会使客户对公司整体留下不好的印象，同时也对营销人员留下坏印象。

(2) 道歉总是对的。为了安抚客户的情绪，营销人员首先一定要为客户受到的损害表示歉意。即使客户不全是对的，即是客户的原因导致的企业的产品或服务出现问题，但营销人员依然要谨记：客户永远都是第一位的。

(3) 道歉要有诚意。一定要发自内心地向客户表示歉意，不能口是心非，否则就会让客户觉得营销人员是在敷衍自己，产生被愚弄的感觉。

(4) 不要说“但是”。在道歉时，切忌使用“我很抱歉，但是……”这样的句式，这个“但是”否定了前面说过的话，使道歉的效果大打折扣，使用类似“但是”、“可是”这种转折词汇只会让客户觉得营销人员是在为企业和自己推卸责任。

3. 表示歉意的有效技巧

(1) 为情形道歉。即使在问题的归属上还不是很明确，需要进一步认定责任承担者时，电话营销人员也要首先向客户表示歉意。但要注意，不要让客户误以为公司已经是错误的承担者，我们只是为客户面临的情形而道歉。例如可以用这样的语言：

“给您带来不便，对不起。”

“给您添了麻烦，非常抱歉。”

这样道歉既有助于平息客户的愤怒，又不会承担可导致客户误解的具体责任。

(2) 肯定式道歉。当确认是客户的差错导致产品或服务出现问题时，营销人员一定不能责备客户，要记住客户也许有错误，但他们仍然是客户。

我们可能无法保证客户在使用产品的过程中百分之百地满意，但必须保证当客户不满找上门来时，得到的服务以及对营销人员的处理态度总是能够百分之百的满意！

(五) 提出应急和预见性的方案

通过前面的通话，客户的情绪得到了控制，现在是时候把重点从互动转到解决问题上去了。平息客户的不满与投诉，问题不在于谁对谁错，而在于争端各方如何沟通处理，解决客户的问题。

1. 提出方案的目的

(1) 解决单次客户投诉。

(2) 为客户服务提供改善建议。

2. 提出方案的原则

对于客户的投诉，要迅速做出应对，要针对客户提出的问题提出应急方案；同时，提出杜绝类似事件发生或对类似事件进行处理的预见性方案。

3. 提出方案的有效技巧

(1) 迅速处理，向客户承诺。应迅速就目前的具体问题向客户说明各种可能的解决办法，或者询问他们希望怎么办，充分听取客户对问题解决的意见，对具体方案进行协商。然后确认方案，总结将要采取的各种行动——企业的行动与客户的行动，进行解决。要重复客户关注的问题，确认客户已经理解，并向客户承诺不会再有类似事件发生。

(2) 深刻检讨，改善提高。负责投诉处理的员工要详细记录投诉过程的每一个细节，把客户投诉的意见、处理过程与处理方法在处理记录表上进行记录，深入分析客户的想法。每一次的客户投诉记录都要存档，以便日后查询，并定期检讨产生投诉意见的原因，从而加以修改。

调查此类事件发生的原因，为了防止此类事件的再度发生，企业是否需要进行相应的变革，对服务程序或步骤要做哪些必要的转变，以提出预见性的解决方案，即改善公司服务质量的方法，以降低或避免将来发生类似的投诉。

(3) 落实。对所有的客户投诉意见及其产生的原因、处理结果、处理后客户的满意程度以及今后改进的方法，均应及时用各种固定的方式告知所有员工，使全体员工迅速了解造成客户投诉的原因，并充分了解处理投诉事件时应避免的不良影响，以防止类似事件再次发生。

(4) 反馈投诉的价值。客户进行投诉是希望企业能够为其提供一个合理的解决方案，并且继续购买和享受企业的产品和服务；同时客户对产品或服务不满信息的反馈无疑也给企业提供了一次认识自身产品缺陷和改善服务质量的机会。于情于理，企业都要真诚地对客户表示感谢，并就为防止以后类似事件的发生所做出的努力和改进的办法向客户说明，真诚地欢迎客户再次光临。

第三节　成交后的后续跟进

成交之后电话营销人员必须重视售后服务工作，经常与客户保持联络，服务好客户，不断提升客户的满意度和忠诚度，为客户以后再次购买或向他人推荐打下基础。

一、为什么要跟进客户

(一) 忠诚满意的客户是电话营销人员最宝贵的资源

作为一名成功的电话营销人员，应该拥有一批稳固的客户群。向一位老客户销售产品，远比向一位新客户销售要简单得多。

向老客户销售，电话营销人员具有以下4个优势。

(1) 电话营销人员可以少花一些时间。在对新客户进行推销时，可能很多时间都会浪费在营销人员与客户之间的互相了解和熟悉上。例如，电话营销人员要了解客户的需求；客户要了解企业的背景、产品、报价方式等。而对于老客户，电话营销人员已经与客户建立了互相信任的关系，往往是一个电话或者一封E-mail就可以确定一个订单。

(2) 降低营销费用。在发展新客户时，电话营销人员经常需要邀请重要的客户来公司参观，并承担交通和住宿的费用。如果客户已经购买了公司的产品并且满意，就会重复采购，这样一来，对于老客户，电话营销人员就可在其他商务活动中把费用降下来。

(3) 订单率高。从长期来看，和老客户交易，电话营销人员更容易分配时间和资源。另外，老客户经常会有很多的小订单，这些零散的小订单加起来也可以使企业获得很不错的利润。

(4) 老客户能带来大量的新客户。老客户还可以变成电话营销人员开拓客户的资源。如果老客户对企业的产品和服务都很满意，可能会介绍给自己的亲戚、朋友，企业便可在行业内形成良好的口碑，这就是无形资产，将在很大程度上决定公司的市场份额。

(二) 跟进是与客户建立良好关系的重要工作

营销人员在销售产品以后要跟进客户，了解他们的状况，问及他们使用产品的感受，探讨企业的新产品对客户的好处；了解客户遇到的困难，并且尽量帮助他们解决这些困难。

让客户知道，并不是签了合同或实现销售以后企业就什么都不管了。要经常跟踪客户对产品的反应，关于售后服务的任何问题，营销人员都要协助客户解决，从而建立客户对营销人员的信任，增加对企业的好感。

还有一点要注意的是，竞争对手是无孔不入的，如果企业对自己的客户有所忽视，马上就会被竞争对手抢走。优秀的电话营销人员一旦获取一个客户就再也不会给自己的竞争对手留下任何机会，如果企业没有人去跟踪客户的反应，就相当于给竞争对手留下可入侵的机会。

二、如何跟进客户

(一) 全面详细地了解客户的情况

电话营销人员首先应该对客户进行全面、详细地了解。由于电话营销人员的工作性质决定其不需要出去发展和拜访客户，那么客户对于电话营销人员来说就不是太熟悉。这时候，就需要电话营销人员通过客户档案资料、公司外部销售人员了解客户的情况，包括客户是哪里人、与客户沟通是否需要讲方言、最近客户可能跟外部营销人员达成的某些口头协议等。否则，在跟客户的电话沟通中，尤其是面对新客户时，沟通可能就会显得陌生、不自然，客户就不愿意继续交流下去。

(二) 确定客户跟进计划

当营销人员对客户有一个比较全面的了解以后，再结合公司的营销目标，确定客户跟进计划。客户跟进计划一般包括以下内容：

(1) 客户的基本情况，如客户名、客户的规模、客户的交易明细、联系人及其联系方式等。

(2) 公司需要达成的营销目标。

(3) 了解客户的情况，如购买周期、使用情况等。

(4) 采取哪种方式与客户进行协商。

三、成功跟进的技巧

(一) 兑现曾经做过的承诺

电话营销人员还要用实际行动让客户真正感受到诚意，即必须要兑现曾经做过的承诺。如果不兑现承诺，就会失信于客户，那么接下来的客户跟进工作，不管做得多好，都将无济于事。

(二) 持之以恒地进行联系

很多电话营销人员认为没有必要跟进那些没有成交的客户，觉得跟进这些客户是一件既浪费时间又浪费感情的事。对于没有成交的客户，即便这次企业的产品没有吸引客户，可能下次会有他需要的东西。因此，要有持之以恒的精神，保持与客户的联系，以便在客户需要时第一时间想到企业的产品或服务。

(三) 建立客户档案

作为一名出色的电话营销人员，不仅要对客户购买以后的使用情况进行及时跟进，还要对自己的销售情况进行跟踪。很多电话营销人员往往都没有意识到对自己的情况进行跟踪的必要性，其典型的想法有如下3种。

1. 建立客户档案的误区

(1) 心里有数，不必建立客户档案。电话营销人员如果只是凭记忆力记住自己所有客户的信息是不现实的。在电话营销的准备工作中就要将客户的资料建档，并妥善保管。而且，在整理客户信息的过程中，电话营销人员会对自己在与每一位客户的交流中的得失做一次全方位的分析，从而可以随时调整销售计划，确保以后能更好地工作。

(2) 浪费时间。许多电话营销人员认为整理客户信息浪费了精力，还耽误了拨打电话的时间。而实际上整理客户档案对提高电话营销人员的服务质量、增加营销工作的成功率非常有帮助。试想如果老客户打电话来，电话营销人员能准确地叫出对方的名字，那么，电话另一端的客户会对电话营销人员留下很好的印象，因为每个人都希望自己能被别人重视和记住。

(3) 记性好，可以清楚地辨别客户。很多营销人员都认为自己的记性够好，耳朵也够好，只凭听客户的声音就能判断出是谁，所以，没有必要建立客户档案。事实果真如此吗？或许电话营销人员真能记下客户的声音、姓名，但是，仅仅记住这些就够了吗？真正优秀的电话营销人员不能只是记住客户，还要记住产品以及联系的具体时间、内容等。比如，客户何时订货、订多少货、客户打电话的目的何在，等等。好记性的电话营销人员能记住一两天的情况，但是日积月累，要准确地记住一个月、两个月或更长时间的情况就相当困难了。

2. 客户档案的内容

每个人精力有限，电话营销人员不可能记住所有客户的全部情况。因此，在第一次接触客户时，无论是电话营销人员主动打电话给客户，还是客户打电话给营销人员，都应在备忘录上记录客户的信息。客户档案应包括以下内容：

(1) 客户公司名、联系人以及联系方式。

(2) 与客户曾经联系的时间、内容。

(3) 客户的订货情况，包括时间、品种、数量等。

(4) 是否向客户承诺过什么。

(5) 客户对我公司产品或同类产品的使用情况。

(6) 客户透露过的需求。

(7) 客户的性格特点。

总之，客户跟进工作永远要比别人“多一点努力”、“多一点关怀”、“多一点服务”、“多一点称赞”、“多一点打电话给客户”。

第四节　利用多种工具与客户建立长期关系

在如今这个多种媒介盛行的年代，与客户沟通要综合运用多种通信工具，效果才能持续，常见的与客户保持联系的通信工具有电话、电子邮件、网络等。

一、电话

在众多的通信工具中，电话由于其方便、快捷的特点，当仁不让地成为与客户建立长期信任关系的首选工具。

电话营销人员拿到订单以后，还有一个很长的跟进过程。电话营销人员要能成功地留住自己的客户，一定要保持与客户的联系。所以在成交以后，至少还要再打三次电话。选择恰当的时机给客户打电话，不仅不会引起客户的反感，相反还会增进与客户之间的感情。

第一次电话跟进一般应在成交以后的一两天内：

(1) 询问客户是否顺利收货，在运送、安装等方面有没有出现什么问题；

(2) 询问客户的试用结果；

(3) 询问客户对公司的安装配送流程有什么意见或建议。

第二次电话跟进一般在成交后的十天左右：

(1) 询问客户是否需要某方面的指导；

(2) 询问客户在使用过程中有没有碰到什么问题；

(3) 产品使用是否正常。

第三次电话跟进在成交后的30天左右较为适宜：

(1) 询问客户是否有突发的问题出现，这样能提高客户对公司的信任度；

(2) 询问客户是否有其他的要求；

(3) 给客户介绍新产品，并进行新产品的连带推销。

同时，需要注意的是，并非所有的客户都采用电话方式跟进，对于那些最近3个月内都没有需求的客户而言，这种方式的成本会很高，而且效率也比较低。所以，也要配合其他方法来与客户保持联系，以提高跟进效果。

二、电子邮件

作为一名电话营销人员，电话是主要的销售工具或渠道，但同时还需要其他的辅助工具。电子邮件就是最常用的配合媒介。在实际工作中，电话营销人员可以根据不同的情况，在发给客户的E-mail中适当多加一些内容，通常包括：

(1) 感谢客户购买产品；

(2) 询问客户产品的使用情况；

(3) 询问客户对公司或服务人员有什么意见或建议；

(4) 询问客户是否有其他要求；

(5) 给客户介绍新产品以及公司的一些新的促销活动。

使用电子邮件可以及时地传递给客户最重要、最新的信息，也能起到联络感情的作用，但是，使用电子邮件方式，也要注意，很多客户很讨厌垃圾邮件，所以如果不提醒或事先征求客户的许可，很多客户看都不看就会删除。电话营销人员可以利用与客户电话沟通的机会，了解客户最感兴趣的内容，然后根据客户的需求发送客户所需的内容邮件。

三、给客户寄送感谢函或致谢卡

给客户寄发感谢卡是既方便又便宜的客户跟进和服务方法。信函和卡片可以用于感谢客户签下订单，并承诺继续为其服务。致谢卡应先印好，在销售结束后的一段时间内寄出。不过，这种致谢卡有一个很大的缺陷：它们都是成批制作的，因而缺少令客户满意的、非常重要的个性化色彩。营销人员也可利用空闲时间制作针对不同客户的感谢函或致谢卡片，当客户收到与众不同的卡片时会认为企业足够重视自己，在下次购买时就可能会首选企业的产品，有时候一点点服务上的差异所带来的效果真的格外不同。

四、短信或微信

如今手机早已成为大多数人必备的通信工具，再加上短信、微信、手机QQ等工具，一机在手，使得随时随地与客户交流成为可能。营销人员在发短信、微信时要注意如下事项。

(一) 选择适当的时机发送

周末、过年过节、客户的生日，以及其他对于客户来说有特殊意义的日子，都可以选择给客户发送祝福短信，让客户在这种特殊的方式中感受到电话营销人员的真诚，这不失为是加深客户印象的好办法。

(二) 根据不同客户选择不同的信息内容

1. 根据客户性别选择信息内容

对于男性客户，可以发一些名人名言、哲理诗句和最新前沿理论等。

对于女性客户，可以发一些心理、养生、美容、保健、子女教育等信息。

2. 根据新老客户选择信息内容

对于老客户，可以发一些祝福的短信。

对于潜在客户，可以发一些问候，包括天气、心情、工作等内容。

(三) 注意发信息的频率

频繁地发信息，会干扰客户的正常生活，引起客户的不快，让客户厌烦，还容易被客户标记为骚扰信息，破坏公司和营销人员的形象。一般发信息要注意时间，通常午后、下班后或双休日、周末、节假日前后等这些客户空闲时间都是发信息的最佳时机。

(四) 注意留下自己的名字

在最初给客户发信息时，客户对电话营销人员的手机号码可能会比较陌生，因此要在信息最后附上公司及营销人员的名字，使客户明白短信的来源。

五、与客户联谊

经常以举办活动的名义，邀请客户参加企业举行的联谊活动，如组织球队比赛、每年年会邀请客户参加，这些都体现了对客户的尊重，也是与客户建立长期关系的好方法。

参考文献

[1] 马涛 编著. 电话营销口才训练与实用技巧. 北京：海潮出版社，2014

[2] 李妍. 打出来的业绩——电话营销冠军技巧. 成都：成都时代出版社，2012

[3] 徐秋霓，郑志军. 电话营销实战教程. 广州：暨南大学出版社，2012

[4] 陈宁华. 打对电话赚大钱. 西安：陕西师范大学出版社，2011

[5] 璟天. 电话营销诀窍. 北京：企业管理出版社，2011

[6] 温爽. 8天成为金牌电话销售员. 北京：北京大学出版社，2010

[7] 曾智辉. 电话营销管理. 南京：凤凰出版社，2010

[8] 影响力中央研究院教材专家组. 一线万金——电话销售的7阶秘诀. 北京：电子工业出版社，2009

[9] 陈宁华. 批量制造销售精英. 北京：北京大学出版社，2007

[10] 姚能笔. 电话行销 轻松成交. 北京：中国财经经济出版社，2003